中野健史

世界最速!「英語脳」の育て方

日本語からはじめる僕の英語独習法

講談社+α《プラスアルファ》新書

まえがき

「信じられない……」、英語がもともとあまり得意でなかった私が、世界トップレベルのロンドン大学で言語学の修士号を取得できた！　ＴＯＥＩＣスコアも、スタート時の５００点から９００点台に達していた！

世界最高峰のロンドン大学の大学院からネイティブすら難しいといわれる修士号取得の知らせが届いたとき、私はこの数年間あまりの自分の英語力の向上に、体をわなわなと震わせて感動していた。傍から見ていたら、ただの危ない奴だったかもしれない。

本当は、苦労して手にしたノウハウを誰にも公開したくなかった。事実、今まで誰にも公開しなかったノウハウもある。だが、かつての私と同じように英語力をアップさせたいが、どうやって勉強したらよいのか分からないという方のお役に立てればと思い、今回本を書かせていただくことにした。

「ネイティブから英語指導を受けて、ネイティブのような英語力を身につける」

これが、多くの日本人が信じて疑わない理想の英語上達法である。実際、日本でも多くの英会話スクールや学校でネイティブ講師が教鞭《きょうべん》をとっている。

ところが、教えている彼らが日本語を話せるかといえば、一部の人を除いて話せない。極端な言い方をすれば、つまり彼らは、外国語学習の失敗者なのである。

別に日本語でなくてもいい。ネイティブ講師にフランス語でもドイツ語でも中国語でも何か流暢《りゅうちょう》に話せる外国語がありますか？　と聞いてみるといい。多くの人が閉口するだろう。私たちは、驚くべきことに外国語を学んだことのない講師から外国語を学んでいるのである。

見なれない外国語の単語を必死で覚え、聞きなれない音にも必死に食らいついて英語を学習している私たちの苦労を理解できるはずがないのだ。彼らが英語を教えているのは、たまたま彼らが英語圏に生まれたからにすぎない。

外国語を学ぶ大変さを知らないから、英語を使えない日本人を見ると「なぜ日本人は英語も満足に使えないんだ……」なんて、ため息と軽蔑《けいべつ》が混ざったような表情で日本人を見る。たとえ彼らは、日本に住んでいながらカタコトの日本語も話せなくとも……。

なぜ私がここまで過激なことを言えるかというと、実際にイギリスのロンドン大学に留学して、学位を取得できずにドロップアウトしていくネイティブをたくさん見てきたからだ。英語を話せる人が優秀だというなら、英語を完璧に使いこなせるネイティブが学位を取りそこねるということはありえない。

日本人である私が、修士号を取得できてネイティブである彼らがドロップアウトした。この事実を目の前にしたとき、「英語を流暢に使いこなせることとその人の能力には、あまり関係性がない」、という当たり前の事実に私は気づいた。

今でも多くの人が、数年間も英語を学んでいるのにネイティブのように英語を使いこなせないと悩んでいる。それは、そうだ。ネイティブを理想のモデルにしているからだ。

全く生まれた環境も、文化背景もちがう国で育ったネイティブを理想モデルとするのは、男である私が無理してモデルのエビちゃん（蛯原《えびはら》友里《ゆり》）のマネをするみたいなものだ。単に憧《あこが》れるのにはいいだろうが、本気でマネをしようとしたら気持ち悪いだけである。

今、20代のＯＬが、エビちゃんを理想のモデルとしているように、私たちは、同じ日本人でありながら、高い英語力を身につけた人を理想のモデルにするべきなのである。それが、英語マスターの早道だからだ。

この本では、「どうやったら最速で『英語脳』を育成できるか」を、自らの英語学習経験とイギリスの大学院で学んだ英語習得理論の両側面からお話しする。

私は、試行錯誤をくり返しながら英語学習に取り組んだので数年間の期間をかけてしまったが、皆さんがこの本をお読みになれば、短期間の学習で英語力を大幅にアップさせることも可能だろう。本書が少しでも皆さんの英語力アップと未来の可能性を広げることにつながれば幸いである。

中野《なかの》健史《たけし》

◉目次

第5章　超・英語モチベーション管理術

第6章　育て方❶365日計画で何をどうするか

第7章　育て方❷中野式英単語3段階暗記法！

第8章　育て方❸リスニング力を上げる秘訣

プロローグ　脱「思い込み」!　ゼロから始めた英語修行

たかが受験英語、されど受験英語

ふり返ってみると、もともとそれほど英語が得意というわけではなかった。フツーの学校英語を習い、フツーに勉強していたフツーの生徒だった。学校での成績も５段階評価の３、よくても４。そんな私が、今英語を教えてご飯を食べているのだから人生不思議なものである。

私が本格的に英語の勉強を始めたのは、高校２年のとき。大学受験を控え、その志のために、私はある仮説をたてた。「どこの大学でも大きなウェイトを占めるのは英語だ。他の科目は捨てても、英語さえできればあとはなんとかなるんじゃないか？」と思ったのだ。逆転の、いや一点豪華主義の「英語コツコツ受験突破作戦！」の始まりである。

それから私は、コツコツと英語のみ勉強し始めた。１日平均２時間、これを毎日取り組んだ。こう書くとよく勉強しているように思えるが、私の総勉強時間＝英語の勉強時間だから、受験生で１日２時間の勉強は、決して多いとは言えないだろう。しかし、その甲斐あってか、１年半つづけたころ、英語に関しては志望校の赤本を解いても合格点を取れるぐらいまでになっていた。

ただ『基礎英文問題精講』や『英文標準問題精講』（ともに旺文社）などで英文を一文一文訳して理解する精読の勉強ばかりしていたために和訳は得意でも、センター試験型の英語の問題や東大型の英語の試験のようにスピードと問題処理能力が問われる英語の試験はあまり得意ではなかった。結果、当たり前だが、数学や社会は本当になにもやっていなかったために現役受験にはあっさり失敗した。ただの御バカであった。

浪人時代に開眼!?　英語制覇術？

現役時代徹底的に英文の精読をやりこんでいたために英語の和訳に関しては、かなり自信をもっていた。しかし、一文一文は訳せても、文全体でどういうことを言いたいのか分からなかったり、空欄補充問題や内容一致問題など長文読解問題になると、どうやって解いていいのか分からず、苦労した。

そんなとき、役立ったのが英語を一文一文訳す読解法ではなくて英文の内容把握に焦点を置いた読解法（パラグラフ・リーディング）である。

よく「木を見て森を見ず」というが、一文一文は訳せても、文全体ではどういうことを言いたいのか分からないということがある。

英語の論文などでは、結論は段落の冒頭に書かれていることが多いので、1番目のパラグラフ（段落）と、各パラグラフの最初にある文（トピック・センテンス）だけを、どんどん読み流していくことで、ある程度文章全体の内容把握をすることができるのである。

英語の論文では、パラグラフの冒頭で結論を述べ、それを2文目以降で補足や具体例を入れて説明していく形を取っているので、スキミング（飛ばし読み）でパラグラフの冒頭のトピック・センテンスだけを読んでいくことで、その文章全体でなにを言いたいのかを理解することが可能なのである。細かいところは、設問で問われてからスキャニング（キーワード検索）で丁寧に見ていけばいい。

この読解法をマスターしてからは、英語の模擬テストでも高得点を取れるようになった。論文の構成を意識して文章を読むようになったからである。また論理力も身につき、小論文でも高得点を取れるようになった。

浪人時代の12月には慶応模試の論文でも全国28位になり、成績優秀者に名前まで載るようになったから驚きである。

英語と論文でアドバンテージを得て、あとは英単語暗記で身につけた暗記術を駆使して直前３ヵ月で社会の暗記事項を詰め込み、気づいてみたら私は慶応大学と早稲田大学の両方の合格通知を手にしていたのである。

これは結果論になるのだが、英語の勉強に特化して取り組んだことでやればできると自分に自信がつき、一貫性に貫かれた英語のエッセイを多数読むことで論理力と国語力が身につき、おまけに英単語暗記で培《つちか》った暗記ノウハウを社会科の科目に生かしてみたら、社会もできるようになってしまうという好循環スパイラルが生まれた。まさに英語に始まり英語に終わった受験だった。

ＴＯＥＩＣ初受験でまさかの撃沈

そんなこんなで大学生になったわけだが、鼻っ柱をぶち折られる事件がおきた。試しに受けてみたＴＯＥＩＣが５００点だったのだ。スコアを受け取ったときの最初の感想は、「なんじゃこれ？」である（笑）。

厚かましいのだが、他の人と間違えたんじゃないの？　と思い、もう一度スコア欄の名前を確認したほどだ。英語には自信があったのでこのスコアはショックだった。

確かにＴＯＥＩＣは、時間的にきついテストだった。１２０分で２００題あるので平均すると1問を数十秒で解かなければいけない。

もともと思考回路がクイックでなかった私は、気づいたら1問1分ぐらいかけてしまっていた（汗）。時間が全く足りなかった最後の読解18問ぐらい全部カンで埋めるしかなかった。それでも６００点ぐらいには達しているのでは？　などと考えていたのだ。

甘かった。ミルクセーキに蜂蜜《はちみつ》を入れてシェイクするぐらい……。

ここで反省した私は、徹底的に英語を勉強し始めた。昔受験時に使用したボロボロの英単語集を押入れから取りだし、桐原書店の『即戦ゼミ3 大学入試 英語頻出問題総演習』にも手をつけた。この英単語と文法に徹底的に取り組んだ。ボロボロだった英単語集は、文字どおり真ん中で割けて真っ二つになった。その後その1冊の英単語集に少なくとも15回は取り組んだ。この段階で英語力も大幅にアップした。

今から考えると失敗経験がよかった。発奮材料になってがんばれたからである。もし最初のＴＯＥＩＣで６００点そこそこでていたら、これほど英語を勉強しようとは思わなかっただろう。英単語を大量に覚えることで、読解などでも知らない単語がでてくることが少なくなったし、文法問題もけっこうスラスラ解けるようになってきた。この時点で英語力は、600点台に達していた。

また文法力と英単語力がつくと、TOEICのスコアもかなり安定してきた。

英単語や英文法は、比較的取り組みやすく、目に見える勉強成果も比較的すぐに表れやすいので、勉強をつづけていくうえでのモチベーション維持にも役立つ。また英単語は、全ての英語能力の基本になる部分だから、最初にある程度ボキャブラリーを固めるほうが効率がいい。

例えば、知らない英単語がでてくるといちいち読解でもストップしなければいけないし、リスニングでも「lean」という単語の意味を知らなかったら「リーン」というカタカナの音しか頭に残らない。意味が分からないままリスニングがどんどん進んでしまうので、いつまでたってもその音が聞き取れるようにならないのだ。

単語力や文法力というのはリスニングや読解、スピーキングにいたるまで全て関わってくるからとても大切である。

さらにリスニング力をアップさせるべく、英会話スクールに通ったり、イギリスへの短期留学など積極的に英語力向上に努めていた。また洋画のＤＶＤを英語の字幕で見て、英文脈にそって英語を英語のまま理解する練習も取り入れるようになった。

教師時代の英語の壁

大学卒業後は、中高一貫教育の私立高校の英語教員として働いた。担当は、主に高校3年生の英文読解と中学1年生の総合英語だった。高校3年生の読解では、パラグラフ・リーディングで英語のパッセージの主題をつかむ読解指導をしていた。

中学1年の英語では、基礎的な文法事項の説明や英語を聞いて書き取る（ディクテーション）を行い、基礎的な英語の音を生徒がしっかり聞き取れるように能力育成に努めた。生徒のがんばりもめざましく、中学1年生でクラスの生徒の多くが英検4級（中学2年レベル）取得、中には英検3級（中学卒業レベル）に合格する生徒もでてきた。担任していた高校3年生の受験生も私の現役時代の受験失敗談を聞いて反面教師にしたのか、どんどん現役で志望校に入学していった。

しかし、受験指導や英検指導の一定の成果に多少の満足は覚えながらも、私はある壁にぶちあたっていた。リスニングやスピーキングがない受験指導はできても、実用的な英語指導という意味では、効果的な教授技術をもっていない自分に気がついた。

　また英語を教える立場にあるにもかかわらず、自ら留学体験がないというのもなにか説得力のないものに思えた。英語圏での生活経験があってこそ、実体験に基づいた生きた英語を指導できると考えていたのだ。

　英語を教える立場として確かなスキルと確固たる自信を得るために、私はイギリスの大学院への留学を決意した。教員を辞めてすぐ受験した私のＴＯＥＦＬスコアは、ペーパー版にして５６０点（ＴＯＥＩＣ７５０点に相当）だった。

イギリス流英語教育を選んだ理由

　イギリスは、昔、広大な土地を植民地にした。そんな歴史的な背景から外国人への英語教育に目を向けてこざるをえなかった。もともとアメリカの原住民に英語を教えたのは、イギリス人である。このような歴史的背景もあり、イギリス人は、母国語が英語でない外国人に対する語学教育に力を入れてきた。

　一方アメリカは、アメリカ国内で母語として英語が使われているため、英語が母語として使われている環境下での英語教育は発達したが、日本に住むわれわれのように、日常、英語に触れる機会がかぎられている外国人への語学教育は、それほど発達してこなかった。アメリカのように日常的に英語が常用語として使われている国では、日本のような週に数時間しか英語に触れる機会がないという特殊な環境を、想定するのが難しかったことも要因かもしれない。

結局、私はイギリスを留学先に選んだ。それは、やはりイギリスのほうが外国人への語学教育が進んでいると判断したからである。

イギリス留学時代の勉強法

とにかく、「読む」「聞く」「話す」「書く」の4つの技能を、同時に磨いたイギリス留学時代だった。

留学時代の英語の勉強は、授業の前に範囲の文献を読む（リーディング）→授業中英語で行われる授業を理解する（リスニング）→テーマに関して英語でディスカッションをする（スピーキング）→ターム終了後に参考文献や資料を読み、自分の論点をエッセイや論文にまとめる（ライティング）という形である。

４つの技能の実力アップに同時に取り組んだ日々だったその時期、なにげなくＴＯＥＩＣを受験してみたら９０５点（リスニング：４５０、リーディング：４５５）に達していた。ＴＯＥＩＣ９００点というのは手の届かないスコアだと留学前は思っていたので、あっさり取れてしまった自分に驚いてしまった。

私なりに効果のあった具体的な勉強法と感想を、技能別に紹介しておこう。

◆読む（リーディング）

１日に数百ページ読まないといけなかったので、非常に大変だった。だからこそパッセージの概要把握に便利なパラグラフ・リーディングが非常に役立った。またその分野の背景知識があると非常に英文が読みやすくなるので、背景知識に関しては日本語で書かれた文献にも目を通していた。目を通した論文、文献は数えきれないが、おかげで英語の文章を読むことが全く苦でなくなった。

また、講義のキーワードとなる概念に関しては、徹底して理解できるようにじっくり読んだ（精読を実行した）ため、多読と精読のバランスがうまく取れていた。

◆聞く（リスニング）

講義では、概要を理解する多聴と重要箇所を詳細に理解する精聴のバランスが求められた。一語一句聞きもらさないようにしようとすると、講義全体のテーマを見落としてしまう場合があるし、逆にキーワードに関しては、言葉の定義に関してなど完璧な理解が求められる場面もあり、常に精聴と多聴を意識してリスニングに取り組むようになった。

聞き取れないと学位取得できるかどうかに直結するので、聞き取らざるをえないという、サバイバル・イングリッシュ的なある種のプレッシャーもプラスに働いたかもしれない。

◆話す（スピーキング）

これは、毎回の講義でのディスカッションに加え、クラスメイトたちとの専門分野に関する会話が非常に役立った。特にロンドン大学留学時代は、周りの学生の多くが英語圏の学生だったため、自然にスピーキング力もついていった。

また時には、金髪美女をランチに誘いだし英語で会話を交わした。ナチュラルスピードで展開される会話についていくのが大変で、食事の味はほとんど分からなかったが、会話がしっかりできないとカッコ悪いので気合を入れて勉強した記憶がある。

そんな感じで、英語でも日本語と同じように自分の言いたいことを伝えられるようになってきた。最終的には、クラスメイトを前にして1時間ほどの英語のプレゼンテーションもできるようになっている自分がいた。

◆書く（ライティング）

ライティングは、徹底的に書きまくった覚えがある。

大学院が始まる前に英語の論文作成の仕方をイギリスの語学学校で2〜3ヵ月ほど学んで以来、エセックス大学では、3000ワードのエッセイ×8本、修論1万6000ワード。ロンドン大学では、5000ワード×3本、修論1万ワード、3時間論文テスト（トータル3000ワード程度）の英文を書いた。まさに「習うより慣れろ！」という感じだった。

今から考えると、大学の修士課程が始まる前に、パッセージの構成の仕方や文献の引用の仕方などの基本を語学学校で学んでおいたのは大変役立った。またネイティブの書いた文章を読み、これはいい言い回しだと思った表現は、実際自分でも会話や論文作成のときに積極的に使ってみるよう試みた。

第1章　英語革命❶イギリス式指導法

まずは英語を勉強する目的をもつ

一番大きな収穫は、英語を学ぶ真の目的と目標に対して答えがだせるようになったことだ。英語教員でも「英語を学ぶ目的は何ですか？」と聞かれてしっかりと答えることができる人はあまりいない。少なくとも私はできなかった。

「国際化社会で生きていくため」と漠然とした答えは言えても、現実に日本に住んでいたら英語を使用する機会なんて極端にかぎられているし、一部の外資系企業などに勤める人だけが英語ができればいいんじゃないかとも、正直思っていた。

では、なぜ十数年間も勉強してもネイティブのように話せるようにならない英語を、必死で勉強する必要があるのだろうか？

私はエセックス大学大学院に留学中、恩師でもある言語学の世界的権威《けんい》であるビビアン・クック博士の言葉の中に、その答えを見いだすことができた。博士が外国語を教える目的は、「自国と外国の両方の言語と文化を学び、両国の間に立つことができる人を１人でも多く育てること」ということであった。裏を返せば、学習者はその目的意識をもつ必要があるということだ。

ない袖は振れぬ！

日本人は、英語を学ぶというとどうしてもネイティブのように話せることを目標にしてしまうが、そんな目標はそれほど意味がないし、そもそも達成することは99パーセント不可能だ。もちろん少しでも高い英語力を身につけるべく努力することは大切だが、完璧にネイティブのように話せるようになるのは思春期を越えた人には脳の仕組み上、特に発音の面では難しいのである。

そうかといって、あまりに早い段階で外国語を間違った形で学んでしまうと、どちらの言語も中途半端なセミリンガルになってしまうから、外国語を学ぶのが早ければ早いほどいいというわけではない。

仮に万が一、1パーセントの先天的センスと努力でネイティブと同じレベルで英語を使えるようになったとしよう。しかしそこにどんな意味があるのだろう？　それならネイティブを1人連れてきたほうが手っ取り早いのである。

ビビアン・クック博士の研究室で話をしていたとき、クック博士はおっしゃっていた。

「英語を学ぶ真の目的を理解せず、ネイティブと同じ能力を身につけようというほぼ達成不可能な目標に、人生の多くの時間を費やして苦しんでいる人がなんと多いことだろう」

ネイティブと同じ能力を身につけようとイギリスに留学していた私は、そのときゾッとした。

母国語を生かして2ヵ国語で勝負

それと同時に、この段階でネイティブの能力をコピーするという、達成がほぼ不可能な目標に今後の人生を費やさずにすんだことに感謝した。

これはなにも、英語の能力を上げる努力を放棄するということではない。ネイティブと同じ英語力をつけるという、達成がほぼ不可能な目標をかかげることは、学習者に挫折感しか残さない。しかし、たとえ少々なまりがあっても日本人として自分の気持ちや考えを伝えるツールとして英語を学習するなら、別にネイティブを意識しすぎることもなく、自信を失わずに学習をつづけることができる。結果として学習者は、より高い英語力をつけられるのである。

私は、日本語のネイティブスピーカーで日本語をほぼ１００パーセント使いこなせるのだから、たとえ英語がネイティブの80パーセントの能力しかなくても英語と日本語２つで勝負すれば、日本語１００＋英語80＝合計１８０パーセントとなり、英語を完璧に使いこなせるが日本語を全く使えない英語１００＋日本語０＝合計１００パーセントのネイティブスピーカーにも、日本人の英語指導に関しては絶対負けないという確信がもてたのだ。

クック博士は、「**外国語を使いこなせる人は、２人分の価値がある**」、そして、その人の言語能力は、「Ｌ１（母国語）＋Ｌ２ interlanguage（母国語のレベルまでに達していない第二言語の中間言語能力）で表現できる」とおっしゃっていた。つまりほとんどの人が到達不可能なネイティブのレベルを基準に考える減点評価ではなく、英語をネイティブの10パーセントでも使いこなせたら大したものだという加点評価に切り替えるという発想である。

コード・スイッチング

そこで私は、理想の授業として受講生のレベルに応じて英語と日本語を組み合わせること（コード・スイッチング）が有効であると考え、実際に日本の中学生たちに授業のどんな場面で英語を使用し、どんな場面で日本語を使用してほしいかの調査を行った。

結果は、活動の指示とか、込み入った内容の説明のときには、英語よりも日本語を教師に使用してほしいというデータが圧倒的多数を占めた。また英語の定期テストの指示など自分の成績や将来の進路に関わることも、なんらかの誤解が生じてはいけないので日本語での説明を望んでいるというデータを得た。この研究結果をもとに、私は「日本人の英語講師によるＴＯＥＩＣ専門スクール」の開校に踏み切ることになる。

英語を「使える」ツールにする

エセックス大学時代の大きな収穫として、日本人が英語を学ぶ意義というものを私は学んだ。すなわち英語学習の目標は、自国の文化を深く理解し、それを外国に発信すること。また外国のすぐれた文化や考えを理解しそれを受信できるようになること。その２つの国の言語と文化の間に立てる存在になること。それが、英語を学ぶ意義なのである。

見かけの発音だけがよくても、発信する内容がなければ、また英語で発せられた相手の会話の意図をくみ取るだけの教養が自分になければ、英語はただの使えないツールになってしまう。英語を学ぶ本質的意義を理解したことは、自分の英語指導の核となる部分ができ、自信をもってそれを肉づける各分野の研究を進めることができた。

具体的に1年目に学んだことは、第二言語習得理論、言語テスト、クラスルーム・リサーチ、アクション・リサーチ、初級学習者指導、教材開発・評価、コース開発（ESP）、音声学・音韻論などである。

そこでは英語学習者の英文法、音声認識能力、ライティング力、読解力、ボキャブラリー能力などをいずれもボトムアップ方式（1つ1つ積み上げ式に言語アイテムを学んでいくこと）で高めてあげる方法を研究していた。第7章で取り上げる類義語や反意語を利用したボキャブラリーの増やし方などもその1つである。

また、英語を学習している人のモチベーションをいかに上げるかということに関しても研究していた。学習者のモチベーションが学習者の英語力の伸びに直結するからである。

もう1つの指導法のヒント

一方、2年目のロンドン大学大学院で学んだことは、第二言語習得理論、社会言語学、心理言語学、談話分析、翻訳論などの英語学習をトップダウン方式（文脈や背景知識をベースに理解すること）的な視点から指導する方法である。

例えば、映画「プリティ・ウーマン」にでてくる「It must be difficult to let go of something so beautiful.」というセリフは、「美しいものを手放すことは難しいですね」と宝石を返すときにホテルのマネージャーが発したセリフだが、恋人との別れを意識している主人公にとっては、「something so beautiful」が愛する女性と重なって受け取られる場合もあるのだ。

このように同じ言語アイテムであっても文脈やその人の背景知識で受け取られ方が変わることがあり得る。文脈の中で初めて言語は意味をもち得るというアプローチである。私は、このトップダウン方式のアプローチが現代の日本の英語教育でも役に立つと確信して、２年目はトップダウン方式の効果的な英語学習法を模索した。

私も英語教員だったから分かるのだが、日本の英語教育では、英単語・構文暗記や英文和訳に代表されるボトムアップ方式の英語学習が大半を占め、パラグラフ・リーディングのようなトップダウン方式の英語教育は、まだまだ広く浸透していない。特にコミュニカティブな面では、トップダウン方式を取り入れた英語指導が行われているところは、ほとんど皆無であろう。

「英語脳」をつくる理想的な学習へ

私がロンドン大学在籍中に行った調査では、読解にかぎらずリスニングやスピーキングの面でも、背景知識の有無が言語使用者のパフォーマンスに大きな影響を与えるという調査結果がでた。特にその会話の理解度（コンプリヘンション能力）やスピーキングの流暢さには、背景知識があるほうが決定的に高いパフォーマンスを発揮できることが分かった。それなら背景知識を補ってあげることで生徒のリスニングやスピーキングの能力を上げることも可能なはずである。

本書の第3章以降で、日本語のビジネス書を読むことを提唱したり、映画を見ることをおすすめしているのも、背景知識と文脈から推測能力を高めるこのトップダウン方式のアプローチをするためである。

つまり私がエセックス大学時代に研究したボトムアップ方式の指導法とロンドン大学時代に研究したトップダウン方式の指導法は2つそろって初めて意味をもつのである。

「英語脳」とは、可能なかぎり英単語や英文法、英語構文などを1個1個詰め込んでいくボトムアップ型の勉強と、背景知識や文脈から大まかな内容を推測するトップダウン型の学習が合わさるところに、初めて生まれるのである。どちらが欠けても「英語脳」は成り立たないのだ。

日本の英語教育となにが違うのか

これまでの日本の学校における英語教育は、最近オーラル・コミュニケーションが浸透してきているとはいえ、文法訳読式教授法に代表される、英単語を調べて文法事項を丸暗記して、構文を理解するというボトムアップの積み上げ式の英語教育だった。したがって生徒は、文法アイテムや英単語アイテムとしての知識はもっていても、それを使う背景知識や実際に文脈の中で実践する機会がなかったため、実際にそのアイテムを使いこなす運用能力がつかなかった。

逆に多くの英会話スクールが実践している、ダイレクト・メソッド（人が第一言語を習得したのと同じように目標言語のみを使用し、文法は自然に身につくまで教えない）では、アメリカのように日常英語を無制限に10時間でも浴びられる環境下では効果的であっても、日本のようにせいぜい週に数時間しか英語に触れる機会のない環境下では、1つ1つの概念を身につけるのに時間がかかりすぎ、よほどマンツーマンで何年間も英語学習に時間を割ける人でないと、使えるレベルにまで達するのが難しかった。

そこで取り入れたのが、言語学習に当てられる時間がかぎられている日本人のための英語教育法である。

従来のボトムアップ方式の文法説明やリスニングの音声指導、英単語暗記に、トップダウン方式の文脈把握や背景知識を補う指導を加えることである。第8章の「映画の中の女優になれ！」にあるように、映画の文脈の流れを理解したうえでくり返し聞き、自分がその役になったつもりでロールプレイを行えば、文脈とセットで言語アイテムを暗記したり使用したりできるので、日本人に欠けているトップダウン式の能力を養うことができるのだ。

また、英語ならなんでもというのではなく、ビジネスで使う英語と限定して集中して学ぶことで自然と背景知識と文脈理解のストックがたまりやすくなる。結果的に専門分野は別として、一般のビジネスのやりとりであれば英語を使用することも可能になるだろう。

頭にグッと染みこむ「英語革命」

それでは、次の章ではいよいよ私が英語の本場イギリスの大学院で学んできたノウハウを公開する。ここには、読者の方の今までの常識を覆すような内容が書いてあるかもしれない。実際私もイギリスで学んでいたとき、ショックを受けた。

でも日本人が本当の意味で英語を使いこなそうと思ったら、これからお話しすることを知り、意識を変えていただく必要がある。私自身、次章でご紹介するような事実を知ったとき、私の頭の中で革命が起こった。「英語革命」である。読者の皆さんも「英語脳」を獲得するために、ぜひ心の中で英語革命を起こしてほしい。

第2章　英語革命❷目からウロコの発想法

最速で英語力を高める方程式!

私が、イギリスの大学院で学んだことは、当たり前のことだが今まで多くの人が気づかなかったことである。つまり「英語圏で英語を教える方法」と「日本のように日常英語が使われていない国で英語を教える方法」は、当然、手法を変えるべきであるということだ。

それは、そうだろう。1日十数時間も英語を聞きつづけられる環境下での英語学習法と日本のようにせいぜい週に数時間しか英語に触れる機会がない環境下での学習法が、同じであっていいはずがない。

逆に言えば、「私たち日本人が、ネイティブと違う方法で最速で英語力をつける方法」があるのだ。そしてついにその最速で英語力を高める方程式を発見した。

私は、試行錯誤をしながら学習を進めたために、TOEIC500点から900点台に上げるのに3年間ほどの月日をかけてしまったが、皆さんが、この本で私が提唱する勉強法にしたがって着実に勉強を進めれば、半分以下の労力で、早ければ1年で目標を達成することも可能だろう。

皆さんがこの本を読んで、英語にかける時間のショートカットにつながれば幸いである。

勉強しても英語はできない!?

言語学者のクラッシェンは、人が言語を学ぶプロセスを2つに分けた。「言語習得」と「言語学習」である。

彼によると、「私たちは母国語を意識して話せるようになったわけではない。長年その環境に身をおくことで自然と話せるようになった」ということである。このようなプロセスを経て身につけた言語を「習得」、それに対して、文法ルールなどを理解し、意識して学んだ言語を「学習」と呼んでいる。

どちらが望ましいかの議論はさておき、現実問題として日本のような日常ほとんど英語が使われない環境下において英語を習得しようと思っても難しいのである。毎日10時間以上日本語に触れていても、われわれが日本語をしっかり習得するまでに10年近くかかっているのだから。

よくネイティブと同じ手順で英語を学ぼうというフレーズが叫ばれているが、日本のように極端にインプットのかぎられている国で、ネイティブと同じように勉強しようと思っても無理なのである。私たちは、まず、その事実を理解する必要がある。

最初は「日本語＋英語」作戦！

環境上ネイティブと同じ量のインプットと習得は難しい。では、どうすればいいのか？逆に英語のインプットもアウトプットの機会もかぎられているハンデを利用して、徹底的に文法ルールや英語の規則を意識的に学べばいい。

もちろんルールには、例外があるだろうが、しっかり言語に関するルールを理屈で学ぶことが、時間がかぎられている私たちが最速で英語力をアップさせる一番の方法なのだ。

そういう意味でもTOEICは、非常に有効なテストだ。文法セクションなどは、きちんとルールを理解していないと正解を導きだせない。理屈ばかり学んでも話せるようにならないという意見もあるだろうが、実は逆だ。大まかなルールを学習してしまえば英会話や英文作成をする際にも段違いに取り組みやすくなるのである。

そのルールを学ぶときに生きてくるのが日本語である。私たちは、日本語を極めている。言ってみれば、ジャパニーズ・ネイティブスピーカーである。日本語という1つの言語を極めているのだから、その日本語を英語学習に最大限に利用するのである。

最初は、日本語＋英語で学習しろ！
レベルが上がるにしたがって日本語の割合を減らせ！

私は、英語指導においても日本語を最大限に使用するべきだと言いたい。

「日本語で文法の説明や英語の問題の解き方を説明してくれる、ネイティブ並みの英語力をもった日本人講師がいてくれたらなぁ」と、私は英語の勉強をしているとき、いつもそう思っていた。かつて私が、大手の英会話スクールに通っていたとき感じたことだが、ネイティブの英語による解説はなにを言っているのか理解できない。そもそも日本語の文法書を読んでいても難しい箇所があるのに、それを英語で説明されても、もっと混乱するだけなのだ。さらに質問しようとしても、英語でどう質問していいのか分からない。

例えば、「ここはどうして過去形ではなく現在完了を使うんですか？」と英語で質問しようと思っても、なんて言っていいのか分からないだろう。「～ではなく」は、「instead of～」でいいのかな？　現在完了って英語でなんて言うんだ？　なんて考えている間に、質問する機会を失ってしまう。

英語は日本人から学べ！

ネイティブと違い日本人講師のすぐれた点は、詳細な説明を日本語で学習者のかゆいところに手が届くぐらい分かりやすく説明できるところだ。相手が日本人講師であれば、学習者が質問したいことも日本語で質問することができ、完全に理解しながら学習していくことができる。必要な場合英語での指導も可能で、まさに日本語と英語をコード・スイッチング（言語の交代）しながら授業を行うことができる。逆にネイティブが講師の場合は、完全に理解できていない場合にどのような質問をしていいのかが、分からないまま授業が進行してしまうケースもたびたびあるようである。

私たちの英語学習の最終目標は、ネイティブとビジネスの会話のやりとりをすることだが、それはあくまで最終到達地点であり、いきなりネイティブを相手にビジネス英会話を勉強するというのは、泳ぎを知らない人にいきなり激流で泳げと言っているのに近いのである。

もちろんネイティブは、日本人講師よりナチュラルな表現に精通している。すでに英語のみで受け答えできる人にとっては、英語上達の最高のパートナーにもなりうる。つまり、自分の英語力の上達段階に応じてやり方を変えていくのである。

英語学習の初心者は、最大限に日本語を生かして学習を加速させ、徐々に英語だけで学んでいくようにする。

学習を始めたばかりの人に母国語を使用して外国語指導することが、非常に有効なことは、ヤコブソンの研究でも報告されている。チョウが、最初はイモムシのように地面をはいつくばっていても、いずれサナギの状態を経て、空に飛び立つように、あなたも自分の英語力に応じたベストの学習形態をとっていくのだ。

英会話スクールの活用タイミング

具体的には、TOEIC500〜600点に達するまでは、英単語や英文法を日本語も徹底的に駆使して覚え、使える表現をどんどんストックしていく。このストックがない状態で英会話スクールに通っても効果はうすいだろう。

使用すべき構文やボキャブラリーがない状態で英会話を学んでも本当にあいさつ程度の簡単なやりとりしかできずに伸びも途中でとまってしまうだろう。実際に英語を使用する場を確保する目的で通うぶんにはいいと思うが。

逆に最低限のボキャブラリーと文法を理解した状態で英会話スクールに通えば、毎回知っているが使用したことのない英単語や言い回しを試してみることができ、まさに自分がもっている知識を実践を通して血肉化する場に利用できるので効果も上がるだろう。英会話でそこそこの内容を話そうと思えば、最低限の語《ご》彙《い》力と文法力は必要なのだ。

６００点を超えたあたりから英会話スクールなども利用し、ネイティブとの会話で自分が覚えた表現を試していく。

７３０点以上ある人なら、最初からビジネス英会話などを取ってもいいだろうし、マンツーマン講義などを受講し、ネイティブを独占してしまうのも手だ。そのレベルになると周りに自分と同レベルの人が減ってくるので、グループレッスンも取りにくくなるだろうし、取れても周りの人のレベルが低ければ、そのレベルに合わせざるをえないので時間的効率も悪い。

だがこのレベルでは、単なる日常会話で満足していてはいけない。なにかテーマを設定してディスカッションするなど毎回課題をもって取り組む必要がある。

コンプレックスは一利なし

ネイティブのコピーを目指すから苦しくなる。もともと一生かけても99パーセントの人が到達できない目標なのだ。出来損ないのコピーになる必要はない。仮に万が一ネイティブと同じ英語力をもてたとしよう。そこに何の意味があるのだろう？

大切なのは、日本語と日本の文化を知りながら、なおかつ英語圏の文化も理解し、英語をある程度使いこなせる人になることだ。前述のように、その人の言語能力は「L1（第一言語能力＝母国語）＋L2（第二言語能力）」で表現できる。目指すものは、「2つの言語を扱える、2人分の価値」という「ネイティブ以上」なのだ。

日本人は世界一英語ができる！

日本では、誰かが英語を話そうとすると聞き耳を立てるかのごとくそこに注目し、会話の内容よりも、発音などがネイティブのように聞こえる人がすごいと思われる傾向がある。したがって一部の帰国子女だけが、自信をもって外国人に話しかけ、発音などに自信がない人は、うつむいてなんとかその場をやりすごそうとすることが多い。

しかし、日本語にも大阪弁や博多弁などがあり、みんなが誇りをもってそれを使っているように、英語にもそれぞれの国独自のアクセントがあっていいのだ。それこそ日本式カタカナ英語になってもいいのである。それも日本人の１つのアイデンティティーとさえいえるだろう。失敗や恥をかくことを恐れずに、どんどん英語を使っていく姿勢が一番大切なのだ。

ほとんどの国民が、「I cannot speak English.」と言えるのは日本ぐらいだ。あなたは、世界でもっとも難しい言語の１つである日本語をマスターできたのだ。自信をもって外国人に話しかけてみよう。

第3章　日本人がぶつかる「3つの壁」の突破法

英語の3つの壁

平均的な日本人が高度な英語力をつけるためには、越えるべき３つの壁が存在する。私が、イギリスで大学院の修士号を２つ取得できたのも、ＴＯＥＩＣ５００点から９００点台までスコアを伸ばせたのも、知らず知らずのうちにこの３つの壁を乗り越えていたからである。皆さんは、この**３つの壁を意識して英語学習をすることで、最短コースで英語力アップを図ることができる。**

英語の壁①実践的な語彙&文法力

基礎的な英単語力がなければスタートラインに立てない。もちろん前後の英文からの類推も大切だが、ある程度の英単語の絶対量がないと類推も難しいだろうし、文法やリスニングをやろうと思ってもそのつど辞書ばかり引かねばならず、勉強がのってきたと思っても中断せざるをえなかったりと、あまり効率的とはいえない。

英単語の暗記は、実践的な英語力をつけるためには避けて通れない作業だ。英単語というのは、文法にも読解にもリスニングにも全ての学習に関わってくる。例えば「lean」（もたれる、よりかかる）という単語を知らなければ、発音を聞いても「リーン」という無意味な音にしか聞こえない。リーン→leanと音から単語の意味が浮かぶからこそ、リスニングでも英語を理解できるのだ。

第7章で紹介する英単語の覚え方を参考にして、英単語をしっかりマスターしよう。私が主宰する「ロンドン義塾」では、毎週英単語を５００個覚えてきてもらって小テストを行っているが、ここで毎回高得点を取っている人は、ＴＯＥＩＣでも２００〜３００点ぐらいアップする人が多い。まず英単語ありきなのだ。

これなしにどれだけテクニックを詰め込んでも、ふにゃふにゃの土台に家を建てるかのごとくすぐに崩れ去ってしまうだろう。

完璧にやらなくてもいい

英単語が少しずつ固まってきたら英文法にも手をつける。文法は、３日〜１週間完成などの薄い参考書でいいので、一通り範囲をおさえること。

だらだらとやらずに一気に目を通す。分からないところは、英語の講師や学校の先生に聞けばいい。なぜ薄い参考書に取り組むかというと、素早くまんべんなく、偏りのない文法知識を身につけられるからである。やたら分厚い参考書を購入して、いつまでたっても最初の5文型での3文型ぐらいから進まず、中途半端に文法を投げだしてしまった人を少なからず知っている（実は、私もその1人だが）。

参考書は、決して完璧にやらなくてもいい。例えば奇数番号や偶数番号だけ選択して問題を解いてもいい。大切なのは、最後まで一通りやること。これがあなたの英語力の土台をつくる。

ただし、文法を覚えるときは、それぞれの文法事項に関連をもたせて覚えること。例えば、準動詞（＝動詞を他の品詞に変える役割）の中に不定詞、動名詞、分詞（分詞構文）があるなど。

語彙力と文法力をリンクさせよう

それから、英単語はバラバラに無味乾燥に覚えるのではなく、関連する文法事項をリンクさせて覚えるのだ。

英単語力と文法力がつけば、次のような問題も一瞬に分かる。

次の（　　）にふさわしいものを(a)〜(d)の中から選びなさい。

Tom objected to (　　) the business.

(a) start　(b) starts　(c) starting　(d) started

思わず(a)と答えたくなる問題だが、実は、正解は(c)（訳：トムは、そのビジネスを開始することに反対した）。

ポイントは、まず「object to〜」で「〜に反対する」の意（←語彙力）。さらに、この場合の「to」は前置詞で後ろに名詞句をとるから、後ろにつづくのは動詞の原形「start」ではなく動名詞の「starting」である（←文法力）。

このように基礎的な語彙力と文法力がなければ、上級の英語を身につけることはできないし、逆にしっかり英単語と文法力を固めれば、それだけでＴＯＥＩＣ６００点（英検２級レベル）を突破することが可能である。

私も、最初はＴＯＥＩＣ５００点だったが、ざっと語彙と文法を固めただけで６００点台に到達した。英語のセンスも何も要求されない。やったもの勝ちの分野である。

実際にどのくらいの英単語を覚えればいいかというと、ＴＯＥＩＣ６００点レベルで２０００語程度。ＴＯＥＩＣ７３０点レベルで４５００語。ＴＯＥＩＣ８６０点レベルでも７５００語程度おさえれば、問題ないだろう。プロを目指すのでなければ２万語も３万語も英単語を覚える必要はないのだ。

英語の壁②「英語脳」をつくる

まさにこの本のタイトルにもなっている「**英語脳**」の育成が求められる箇所である。多くの日本人がぶつかるＴＯＥＩＣ７３０点（英検準１級）の壁だ。

「英語脳」を育成するためには、２つの能力を育成しなければいけない。「聞いた細かい音声や文法事項を少しずつ積み上げて理解するボトムアップ」と「全体のフレームの中から文脈や背景知識をもとに理解しようとするトップダウン」のプロセスである。

「木を見て森を見ず」という言葉があるが、**１本１本の木に焦点を当てて見ていくのが、ボ**

トムアップの視点。全体の森を先に見てどういう形態かをざっと理解しようというアプローチがトップダウンの視点である。英語の聞き取り力向上には、相反するこの能力をバランスよく習得する必要があるのだ。

例えば、ＴＯＥＩＣでいうとリスニングのパート１と２が細かい音の聞き取り能力とボキャブラリーの蓄積がどの程度あるかという能力が問われているし、パート３やパート４では、長めの会話文やアナウンスメント形式で、会話の全体的な流れを理解できているかどうかが問われている。

ちまたで有名な「マジックリスニング」（日本人に苦手な子音の聞き取り能力を高める練習）などは、細かい英語の音を正確に拾う聴覚訓練のための教材であるし、ディクテーション（聞いた英語の書き取り）も聞いた音を正確に書き取るということでボトムアップのための訓練法といえるだろう。

逆に映画などは、全体のシチュエーションや場面の流れから会話の内容を理解しようとするトップダウン方式を鍛えるのに役立つ。つまり聞く英語の背景知識を入れることもトップダウン向上のための有用な手段となりうる。洋画をいっぱい見ると英語力が鍛えられるというのも、物理的なリスニング時間が増えるということに加えて、さまざまな場面での背景知識が映像とセットになって脳にインプットされるからであろう。

左のページに、O'Malley and Chamotが提唱した理論をもとに、私がロンドン大学在学中にイメージしたものがあるので、参照していただきたい。

この2つの矢印の間に挟まれた雲形の部分、これこそが「英語脳」の正体である。英語を英語で理解するとは、ボトムアップで蓄積した細かい言語アイテムを、自分がもっている背景知識と文脈から生まれる予測と組み合わせて、どんどん処理していく作業にほかならないのである。

ディクテーションから多聴へ

このように、トップダウンとボトムアップのプロセスにサンドイッチされる形で英語理解がなされるという本質を理解すると、打つべき手法が見えてくる。コップのようなものを思い浮かべていただくと分かりやすいかもしれない。

まずは、コップの底の部分を埋めるためにディクテーションや聴覚訓練（英語の細かい音

●「英語脳」をつくるイメージ●

トップダウン方式

（文脈、背景知識から理解に入っていく）

ボトムアップ方式

（語彙、文法、細かい音声からの認識）

を拾う聴覚の訓練）、基礎的なボキャブラリーの蓄積に力を注ぎ、徐々にボトムアップの力が蓄えられてきたら、映画などで大量の英語を浴びることで全体の中でどういうことが言いたいのかを理解する能力を高め、同時に背景知識も映像と一緒に頭に入れていく。

そうすることで、全体の流れから英語の内容を把握するトップダウンの力も強化できる。これがコップのふたに当たるものである（第8章や第11章で細かく述べるが、ここで映画のＤＶＤの英語字幕などを利用すると速読の能力も同時に育成できるのでおすすめである）。

ここで**ポイントは、ボトムアップ→トップダウンという順で能力を強化すること**である。ボトムアップを固めずにトップダウンから始めても穴の空いたバケツに水を入れるようなもので無駄な作業に終わる。英語を聞く受け皿がない状態だからである。

最近ディクテーションやシャドーイング（聞いた英語をそのまま、あとから追いかけるように口にだしていく方法）という言葉だけが、先走って使われているが、英語認識の本質を理解せずに手法にこだわっても効果は薄い。使い手本人がなんのためのトレーニングをしているのかを理解していないからだ。この「英語脳」育成に成功できるかどうかが、実践的な英語力を身につけられるかどうかの分岐点になる。

ここまでクリアできれば、海外で勤務することもできるだろうし、英語圏で生活することも苦でなくなる。第2の壁まで突破できれば、ＴＯＥＩＣスコアでも７３０点はクリアできる。本書を手にした皆さんは、できれば、ここまでは身につけていただきたい。自分の可能性がグッと広がるから。

英語の壁③英語独特のリズム

第2の壁を突破した時点でかなりの実力者だが、さらに上を目指す人が乗り越えるべき壁がリズムの壁である。

第2の壁を突破し英語を英語で理解できるようになると、ＴＯＥＩＣスコアで大体７５０点ぐらいに達する。この時点でもかなりの実力者だが、ここからまた実力の伸びが頭打ちになる。

その理由は、英語独特のリズムにまだついていけてないからである。音楽に例えると、日本語は、4分音符がずっとつづくという平坦《へいたん》な道を行く感じ。それに対して英語は、4分音符だけでなく、8分音符あり、16分音符あり、さらにはクレッシェンドやデクレッシェンドまでありの、まさに坂道を登ったり降りたりする丘のような感じである。モノトーンの会話に慣れた日本人が、このアップダウンの激しい英語についていくのは、簡単ではない。

では、どうしたら私たち日本人が英語のリズム感に慣れることができるのだろう？

例えば、英語でカラオケを歌う練習などがあげられる。歌では、普段の会話よりさらにリズム感が要求されるので、**英語独特のリズム感についていく練習**にはちょうどいい。マライア・キャリーやジェニファー・ロペスなどがおすすめだ。

私は、留学中イギリスの女性グループ「アトミック・キトゥン（Atomic Kitten）」の歌もよく歌っていた。また洋画のＤＶＤを購入し、そこで使用されている挿入歌やエンディングの曲も自分で歌えるよう練習した。

映画などでは感情移入して感性が普段より鋭敏になっているので、歌とかも照れずに気分よく歌えるし、英語独特のリズムも吸収しやすい。ここでは歌を上手に歌えることに越したことはないが、あくまでカラオケや洋画の歌を利用する際には、リズム感に慣れることを念頭において練習してみよう。くり返し、くり返し歌い、自分の持ち歌にできれば最高だ。

ここまでやれば、かなりネイティブに近いレベルで英語を駆使できるはずだし、ＴＯＥＩＣのＡレベル８６０点（旧ペーパー版ＴＯＥＦＬ６００点）もクリアできるだろう。

なぜ英会話だけではダメなのか？

皆さんは、英語学習に大きく分けて2種類の動機があるのをご存知だろうか？　1つは、「ＴＯＥＩＣで８００点取りたい」とか「英語力をつけてキャリアアップをしたい」という実利につながる動機。もう1つは、「英語を使ってさまざまな人と会話をしたい」とか、「英語圏に移住や留学するのに英語が必要だからやる」などの異国の人々との交流の必要性から生まれる動機。ちなみに言語学者のガードナーとランバートは、これらの動機をそれぞれ道具的動機づけ、統合的動機づけと呼んでいる。

問題は、これらの2つの動機づけの両方がそろわないと、真の上級英語力が身につかず、非常に偏った使えない英語力になってしまうということである。

例えば、ＴＯＥＩＣ命で、あとは知りませんという人は、ＴＯＥＩＣのスコアをもっていてもほとんど実務で使えないだろうし、それ以前にＴＯＥＩＣはリスニングが大きなパートを占めるので英会話が苦手では、まず８００点にとどかないだろう。

逆に英会話は得意で、ＴＯＥＩＣやＴＯＥＦＬはマニアが受けるものという人にかぎって、ボキャブラリーや文法理解が足りず相手の言うことを正確に聞き取れなかったり、簡単な日常会話しか話せなかったりする。

例えば英語で「選ぶ」は、「pick out」だが、日本語の延長で「pick up」（拾い上げる、手に取る）を「選ぶ」だと思っている人も多い。

日常会話を超えた業務レベルで使える英語力をつけるためには、やはり文法知識や語彙力も必要なのである。2つのモチベーションを常に意識し、相乗効果を生みださせることが大切なのだ。

英会話に自信がないという人は、英会話学校に通うのもいいだろうし、外国人も通うクラブなどに出向き、ネイティブ相手に覚えたての英語を試してみるのもいい。第5章で詳しく述べるが、少しぐらいお酒が入ったほうが、気分もノリノリになって英語も話しやすくなる。使ってみて初めて、英会話って楽しいって気づく人も多いだろう。

TOEICはゴルフのスコア!?

本書では折に触れて、しつこいくらいにTOEICを引き合いにだしていることを、もうお気づきかもしれない。先ほど書いたように、「英語学習には2つのモチベーションがある」ことをご理解いただければ、なぜＴＯＥＩＣを学習したり、受けたりすることに意味があるのかお分かりになると思う。

そもそも英語力というのは、目に見えるものではないので、自分の上達度合いが分かりにくい。努力しているのに目に見える形で結果がでない。これは、辛い。ゴールなきマラソンを走るようなものである。マラソン選手は、５キロごとに自分の目標タイムを設定し、小さなゴールをいくつも達成していくことで42・１９５キロという距離を走りきる。

いってみれば、ＴＯＥＩＣはマラソンのラップタイムやゴルフのスコアみたいなものである。あなたの英語力の伸びを客観的数値で表せるツールなのだ。

マラソンもタイムがあるからがんばれる。ゴルフもスコアをつけるからヒートアップする。バーディーでコースを終えた人とＯＢ連発の人にスコア差がなければ、土日をつぶしてまで打ちっぱなしで上達しようという人は誰もいなくなるだろう。

ＴＯＥＩＣもあなたの英語力の伸びを計測し、さらに上達しようというモチベーションのペースメーカーとして必要不可欠な存在なのだ。

しかも、高得点を取れば、就職や転職に有利というオマケまでついてくる。

こんな便利なものを活用しない手はない。ペースメーカーとして英検を活用するのもいいが、点数ではなく合格・不合格の判定になるので、もし落ちても必要以上に落胆しないこと。英語学習のモチベーション維持のために受験するのだから不合格になって英語学習のやる気自体がなくなるというのが一番マズイ。逆に合格して有頂天になりすぎるのも困る。さらに上を目指してがんばらないと。

そういう意味ではスコアがでるＴＯＥＩＣのほうがペースメーカーにしやすいか。

サンドイッチ方式でいこう！

ＴＯＥＩＣ受験を終えてスコアシートが届くと、スコアだけチェックしてすぐしまってしまう人もいるのではないだろうか。ＴＯＥＩＣを受ける意味というのは、試験で自分の弱いポイントを発見し、それを補強するところにあると私は考えている。復習や補強をしなければ、何回受験してもＴＯＥＩＣのスコアは変わらないし、６０００円以上出して受験するのももったいない。

復習の機会は2回ある。ＴＯＥＩＣ受験終了直後とスコアシートが届いたときである。

試験終了後は、自分がどんな問題ができなかったのか細かく覚えているから、文法なら分からなかった分野を参考書で復習するだけでも全然違う。そしてスコアシートでリスニングとリーディングの点数の伸び具合を見て、今後どうやって勉強していくかの長期的なプランを練るのだ。

特に、２００６年5月から始まった新傾向のＴＯＥＩＣでは、分野ごとの弱点や補強ポイントが詳細にスコアレポートにコメントされている。これらのアドバイスを生かさない手はない。

「ＴＯＥＩＣ終了＝勉強終わり」ではなく、**「ＴＯＥＩＣ終了＝英語の勉強開始」**と考えることが大切だ。

ちょっと上のレベルにチャレンジ

「語学習得には、今の自分より少し上のレベルの知識に触れるのが効果的」と著名な言語学者クラッシェンは述べている。クラッシェンによると、今の自分の英語のレベル「ｉ」より少し上の「i＋1」の知識が提供されたとき、もっとも効果的に言語習得が進むという。

これは、スポーツに例えて考えると分かりやすい。筋肉トレーニングをする際にも、今の自分の筋力に少し負荷がかかる程度のトレーニングを行うとうまくいく。逆にあまりにも自分の筋力の限界を超えた負荷を与えると、筋肉そのものを破壊してしまう。

「英語脳」のトレーニングに関しても同じことがいえるだろう。

今の自分のレベルより難しすぎる演習をしても簡単すぎる演習をしても、効果的な語学上達につながらないということになる。英語のリスニングであまり難しい内容を聞きつづけていても、肝心の英語が右から左に流れているだけということがある。自分の知的好奇心をくすぐってくれる少し上のレベルにチャレンジすることが大切である。

効果が上がる教材の選び方

具体的には、参考書でも問題集でもさっと目を通して5割ぐらい理解できるものを選ぶ。すでに8割以上理解できるものは簡単すぎる場合が多いし、逆に2～3割しか理解できないものは難しすぎることが多い。つい友人などに、いい問題集がないかとたずねたくなるが、その友人にとってはいい問題集でも、自分にとっては難しすぎたり簡単すぎたりすることがあるので要注意だ。

向上心が高い人ほど難しい問題集にチャレンジしてしまう傾向があるが、あまり難しい問題ばかりにチャレンジしているとやる気や自信も失ってしまう可能性がある。

それよりは、**成功体験を少しずつ積み重ねたほうがはるかに自信がつくし、英語力も上達する。大切なのは、基礎をおろそかにしないことである。**

自信がない人は、**中学レベルの英単語と文法知識をざっと復習してみるのもいい**。それだけでもずいぶん英語に取り組みやすくなるはずだ。中学や高校の問題集にもどるなんて……、と恥ずかしく感じるかもしれないが、急がば廻れである。そのほうが結局、上達の近道になる。

私も真剣に英語に取り組もうと思ったときには、大学受験時に使用したボロボロの『ターゲット１９００』（旺文社）を押入れから取りだして勉強を始めたものだ。

男と女では英語学習法が変わる！

これは単なる傾向であって、絶対ではないのだが、女性は英会話好きが多く、男性は文法が好きな人が多い。ＴＯＥＩＣでも、男性は文法や読解パートに強く、女性はリスニングパートに強いという傾向がある。女性だと、リスニングでは満点近く取ってしまう人もいる。でも、文法は７割ぐらいだったりする。反対に男性は、リスニングパートに不安をもつ人が多く、文法、読解問題は、けっこう得意だという人が多い。

もちろん、男性の中にもリスニングのほうが得意な人、女性の中にも文法のほうが得意な人もいるだろう。しかし、やはり一般的には、感性が豊かな女性はリスニングが得意で、論理的思考が好きな男性は、文法問題が得意という傾向はあるのだ。

社会言語学者で有名なタネンは、男性は自分の社会的ステイタスを主張するために論理的な表現を好む傾向があり、反対に女性は人と人とのつながりを大切にする会話を好む傾向があると述べている。

タネンが述べているように英語圏でも、同意を求める日本語の「ね」や「の」に相当する付加疑問文を女性はよく使う。これは、言葉をうまく話せない赤ん坊と母親がコミュニケーションを円滑に行ううえでも役立っているといわれている。

確かに、まだまともに言葉を話せない赤ん坊が、「僕の言わんとするところはだね……」のような堅くるしい論理的口調で話しかけられたらわずらわしいだけだろう。

男性脳と女性脳の育て方

このような男女の特性を考慮に入れて、リスニングのトレーニングを試みることも時に有効である。例えば、

男性脳＝論理重視型！

なので、ボキャブラリーや英文法の本をひとまず離れて映画や洋楽などを心から楽しんでみる。映画のワンシーンに心を動かされたり、洋楽などをノリノリで聞いているうちに感覚的に英語を身につけることもあるだろう。一方、

女性脳＝感性重視型！

だから、そのフィーリングを大切にしながらも、ちょっと映画で気になったフレーズやボキャブラリーを意識的に辞書や文法書で調べて体系的にノートにまとめておく。なにげなく使っていた表現が実はお互い関連性があったということに気づいたりすることもあるかもしれない。ここでのポイントは、自分がおっくうに感じるトレーニングを取り入れるほど、意外にそのトレーニング効果は大きいということである。

もともと90点取れている科目を１００点満点にするのは、たいへんな苦労と時にセンスが求められるかもしれないが、50点の科目を70点にするのは意外に簡単だということと似ている。今自分が、ちょっと苦手かな？　と思っているところに、大きな実力アップのチャンスが眠っているのである。

幼少期から始めないとダメなのか

結論を言えば「ＮＯ」である。幼少期から英語を学べば、確かに発音はよくなる。しかし物事を深く考えたり、自分の考えていることを文章に表現したりする認知的な面に関しては、日本語の読み書きの能力が備わっていない幼いときから英語をやりすぎると、バイリンガルどころか、2つの言葉を中途半端にしか使えないセミリンガルになってしまう可能性がある。

少しでも早ければいいという日本の英語早期教育の姿勢には疑問を感じる。

もちろん中には、早くから英語を学ぶことで、ほぼ完璧に日本語と英語の2ヵ国語を使いこなせるようになる若者たちがでてくるかもしれない。それは大変素晴らしいことだが、それと同じかそれ以上の確率で、本来日本語でしっかり読み書きを学んで深く物事を考える習慣をつける時期に他の言語を学んだことにより、日本語しか学んでいない生徒と比べると思考能力の浅い若者たちがでてくる可能性も見逃してはいけないのである。

英語教育導入は、日本語の読み書きの能力が固まる小学校高学年ぐらいからでもいいのではないだろうか？

大事なのはアフター学校英語！

ネイティブのような発音を学ぶには、若干スタートが遅いかもしれないが、ネイティブの発音を身につける利点よりも、物事を深く考える能力を確実に身につけるほうが、はるかに有益だと私は思う。

日本語でも北海道、東北、関東、関西、九州などでそれぞれなまりや方言が異なったりするが、私たちはそれも個性の1つとして肯定的に受け取っている。英語でも、アメリカ、イギリス、オーストラリア、カナダ、ニュージーランド、マレーシア、みんなアクセントが違うのである。そこに日本式アクセントが加わっても、会話さえ通じればなんら問題はないだろう。

もちろん、小さいころに洋楽や英語のゲームに遊びで触れさせるのは、子供が楽しんでいるなら有益だろう。しかし、子供が嫌がっているのに無理やり英語を学ばせたりするのは、弊害を生みだすかもしれない。

ちなみに私は、中学1年まで英語を全く勉強したことはなかったが、前述したようにイギリスの国立大学院で修士号を2つ取得できたし、ネイティブを前に1時間程度のプレゼンテーションもこなしてきた。

相手の言うことを英語で理解し、自分の考えを英語で表現することを目的にするならば、英語を学ぶのに遅すぎるということは全くない。それよりも学校の授業や受験が終了したあと、いかに英語の学習をコンスタントにつづけられるかが、英語を使いこなせるかどうかの分岐点になると思う。

年齢が高いほうが実は上達が速い

確かに発音に関しては、脳の仕組み上、思春期までの子供のほうがネイティブに近い発音を習得するのには有利だと専門書でもいわれている。だから小さいころ英語圏で生活していた人には発音がネイティブのようにキレイな方も少なくない。

ところが、リスニングやその他の能力に関しては、必ずしも若い学習者のほうが有利だとはかぎらないのである。例えば、**英語学習を「スピード」という側面で切り取った場合、年齢が高い学習者のほうが、短期間では語学の上達が速い**という研究報告もある（Snow and Hoefnagelより）。

なぜなら年齢が高い学習者は、「第一言語（日本語）の知識」やそこで得た「物事を考え、構築する能力」を第二言語（英語）にも応用できるからである。それに対して子供は、日本語の能力が完全に身についていないので、大人に比べると思考能力の深さにも欠け、日本語の能力をうまく英語学習に利用することができない。

「もうそんなに若くないから……」と、つい英語学習から遠のきたくなることもあるが、30代、40代、50代でも決して遅すぎるということはなく、むしろ日本語で培った高い思考能力や自分の体験をフルに生かすことによって、時に子供よりも早く高い英語能力を身につけることも可能なのである。今までの自分の人生全てを背負って、英語と向き合えばいいのだ。

物事のマイナス面ばかりに目を向けあきらめてしまうのではなく、なんとかプラスの要素に目を向けて努力しようという姿勢が、英語学習においても大切である。

第4章　英語「恥かき日記」のススメ

「恥かき日記」をつけろ！

ここまで読み終えた読者の方々には、私の英語学習が全てうまくいってきたような誤解を与えてしまったかもしれないが、実は勉強の過程でかなり失敗を経験しているし、精神的葛《かっ》藤《とう》もあった。

そこで、かなり恥ずかしいのだが、本章では私の失敗や手痛い経験を読者の皆さんに公表することで、「あるある、そういうこと」とか、「そんな失敗している人でもイギリスの国立大学院の修士号を取得できたんだ。私にもできそうだな」と自信をもっていただければ、私も失敗をした甲斐《かい》があるというものである。

イギリス留学のころに私がつけていた英語恥かき（恥書き？）日記の中から、いくつかをご披露《ひろう》しよう。

恥かき日記＠留学前のリベンジ

今日、英会話スクールで外国人講師に英語でボロクソにやられた。
見下した目が悔しかったけど、言い返す英語がでてこなかった。

情けなくて泣けてきた。

明日に備えて勉強だ。

リベンジは、情けない自分に対してのものなのだ。

まだ若かったからか（まだ若いが）、耳が赤くなるようなことを書いてしまっているが、日本語だと簡単に言えるのに英語だとうまく表現できないという苦々しい経験は、きっと多くの方も理解できると思う。

実際、ネイティブと日本人3～4人のグループレッスンでも、自分より上手に英語が話せる人がいると、普通の人は萎縮《いしゅく》していつものように話ができなくなるものである。だから、グループの英会話レッスンでうまく話せない人がいても「トロイなぁ～光線」をださずに、その人が話しやすいように聞いてあげよう。

そのほうがきっと、自分の話すときにも気持ちよく英語を話せるはずだ。英語のコミュニケーションは、なにも流暢な英語技術をひけらかすものではなく、心を通わすものなのだから。

恥かき日記@通じない入国審査

2001年春に私は、イギリスへ旅立った。

大きな希望を持って旅立った私だが、しょっぱなから入国審査でとまどった。

入国審査官に英語でうまく細かいニュアンスを伝えきることができず、結局短期間のビザしかおりなかった。

普段聞きなれないイギリス英語で次から次へと話しかけられて、冷静さを失ってしまっていた。

パニックの一歩手前だった。

2週間程度の旅行と異なり、長期滞在の場合はけっこう審査官からつっこまれるのだ。

悔しくて……、その日はよく寝られなかった。

イギリスの大学院に留学しようと来た自分が、その状況さえうまく説明できなかった。

なにしに来たんだろうと泣けてきた。

実際にナチュラルスピードで展開される英語での会話を体験して、それまで英会話スクールでのネイティブ講師の会話は、日本人向けにかなりスピードを落として分かりやすく発音してくれていたということに、初めて気づいたのであった。

恥かき日記@ET出没事件？

入国初日に恥をかいた私だったが、それだけで終わるはずはなかった。

イギリス留学3日目にして私は、またしても大恥をかいた。

私が、ファーストフード店に入ったときだった。

そこで聞かれた言葉が、「イーティン？」である。

イギリス留学経験者の方には、おなじみの表現であるが、留学後間もない私は、うまく聞き取れなかった。

私：「パードン？」

店員：「イーティン？」

当時の私には、ETにしか聞こえなかった（笑）。

当時ちょうど映画「E.T.」の宣伝をしていたのだ。

意を決して、指と指を合わせて「ET？」とカワイク聞いてみた。

店員：「No. Eat in or take away?」

なんと「イーティン?」とは、「Will you eat in this shop?」の略だったのだ(ちなみにイギリス英語で「持ち帰る」は、「take out」でなく「take away」)。冷静に考えれば当たり前の話だが、ファーストフード店にETはいなかったのだ。

顔から火が出そうな恥ずかしい経験だが、この悔しい経験のおかげで、その後かなり真剣に英語を勉強するようになった。

今から思うとある意味貴重な経験だったのかもしれない。

恥かき日記@バス車中の怪事件?

留学1年目は、エセックスというロンドンから電車で50分ほど離れた田舎での大学院生活だった。

そこでなにげなくバスからお金を払っておりようとした私に、バスの運転手が「ター」と奇声を発したのだ。

さすがに一瞬のけぞりそうになった。

だって、バス料金を払おうと思ったら、いきなり「ター」だ。

少し怖くなった私は、ムーンウォークのようにあとずさりしながらバスをあとにした。

なにかいけないことをしたのだろうか？

気になった私は、ネイティブの友人に状況を話して説明を求めた。

友人によると、それはサンキューの省略の言葉だということだった。

それで納得がいった。確かに運転手はこちらを向いて「ター」と言ったとき、少し笑顔だった（だから余計に、そのときは怖かったのだが……）。

イギリスの地方ではこんな表現もあるのだが、私はそんな表現を知らなかったのだ。

びっくりしたけど、生きた英語を学ぶ本当に貴重な体験だった。

恥かき日記@TOEICの反省点

●リスニング　Listening

パート1　けっこう迷ってしまった。3～4問ぐらい。

パート2　これも意外に難しい。疑問詞を聞き取ることに集中しすぎて、内容を取れなかった（特に時制）。9割程度か。

パート3、4　けっこう無難にこなせた。

●リーディング　Reading

パート5、6　時間的にはけっこううまくいった。でも細かい文法や単語が課題。

パート7　時間どおりに終わる。見直しの時間がほしい。

イギリスでのTOEIC受験だったが、パート1で予想以上に苦戦してしまった。甘く見すぎていて痛い目にあった典型的なパターンである。

恥かき日記@TOEFLの反省点

●リスニング　Listening

最初のうちにどこか間違えてしまった。途中前回と同じリスニングがでた。

聞き取れない単語があった。記憶保持能力にも問題がある。

←

途中難しいところがつづき集中力がとぎれた。

←

発音記号を見て発音できるだけではダメ！

実際に1つ1つ耳で聞いて、耳でキャッチできるようになっておかなければ。

●グラマー　Grammar
時間的にはきちんと終わる。

しかし満点まではまだ課題が。

●リーディング　Reading
「abundant」と「abundance」の違いをしっかりおさえておかなかったのは×。

最後では、トピック選びに迷ってしまった。

もっと演習を通じて問題に慣れること。

そうすればスコア27はいけるはず。

●ライティング　Writing
Agree or disagree でとっつきやすい問題。でもパラグラフの具体例を考えるのに時間をくいすぎて見直す時間なし。

このように反省点と今後の課題を手帳や日記にまとめておくと、次回の受験のときや今後の学習を行ううえで大いに役立つ。まだ頭に問題が残っているうちに書いてしまおう。うまくいかなかったところは、悔しさもひとしおだから、かなり細かい課題点まで思いだせるはずだ。

第5章　超・英語モチベーション管理術

英語はいつも楽しく！

正しい学習方法で継続して学習すれば、必ず英語力はアップする。しかし、実際はなかなか勉強をつづけるのが難しかったりする。この章で述べる内容は、挫折しそうなときや勉強をつづけるのが辛くなったとき、やる気を高めたいときに、ぜひ参考にしてもらいたい。モチベーション・アップはもちろんのこと、英語学習に対する意識を変えるうえでもきっと役立つはずだ。

パブで5人の異性に声をかけろ！

まさにサバイバル・イングリッシュだ。金髪の美男・美女を前にして「Hi!」と切りだすのだ。声をかけたら、はたしてその展開は、どうなるか？　うまくいく場合もあれば、撃沈してしまうことも……。

私の場合、会話に精一杯で、食事の味が分からなかったこともあったが、**覚えたての表現が相手に通じるとノリノリな気分になる**ので、ぜひおすすめだ！

パブで少々アルコールを入れると英会話がしやすくなる。脳には情意フィルターというのがあって、緊張しすぎていたり、硬くなっていたりすると、情意フィルターが閉じてしまうと専門書にも述べられている。

少々お酒を飲むことでその緊張をほぐすことができ、ペラペラと英語がしゃべりやすくなる。特に私は若干シャイ（？）を自覚しているので、非常に役立った。あくまでも少量のアルコールというのがポイント。飲みすぎたらただの酔っ払いになってしまい、英会話どころではなくなる。周りにもウザがられるだけだ。

上達する人のちょっとした習慣

社会人の方は仕事も忙しく、なかなか英語の学習に時間を割くことができないのも事実だろう。しかし、そこで仕方ないとあきらめてしまう人となんとか時間を捻出《ねんしゅつ》しようという人では、半年後大きな差が生まれてしまう。

英語学習時間を確保するコツは、最初に英語の学習時間を確保してしまうことだ。例えば、仕事が6時に終わって家に帰るとする。一刻も早く家に帰ってテレビを見ながらビールで1杯というのも分かるのだが、そこで家に帰るまでに40分でもいいので喫茶店に入ってコーヒー片手に英字新聞を読んでみる。電車の中でもリスニングや英単語のチェックをする。それだけで1日1時間程度の学習時間は、確保できるはずだ。

時間が空いたら英語を勉強しようと思っていては、いつまでたっても勉強できない。時間は、かってにできるものではなく、自分でつくりだすものだ。

最初に、やりたいこと（やるべきこと）に時間を割いてしまえば、あとはそれに合わせて時間のつじつまを合わせて行動するしかなくなる。はじめは「無理しているなあ」の感じでも、習慣化してしまえば比較的継続するのはたやすい。

ライバルは過去の自分

私の好きな言葉に、

Where there's a will, there's a way.（意志あるところに道は開ける）

というものがある。ぶっちゃけた話、英語を使いこなせるようになるかどうかは、その人がいかにその語学に執着心をもち、それをマスターしようと日々努力を継続できるかにかかっている。

もともと**語学の才能にそれほどの差など存在しない**。その証拠にアメリカ人やイギリス人の幼児でも英語がしゃべれるし、日本人もみんな日本語がしゃべれる。

これは、実際に外国人と会話をしてみるとすぐ分かる。当たり前だが、会話をしていてネイティブに何の苦労もなく言いたいことを伝えられるという人は、ほんの一握りである。ほとんどの人が、自分の伝えたいことをうまく伝えられず、苦々しい気持ちや、時には劣等感を覚えながらなんとか英語でのアウトプットを試みるのだ。

当然恥もかく。むしろ「**恥をかかなければ上達しない**」「**英語で恥をかいた回数だけ上達する**」といってもいいぐらいだ。そんなとき、自分に自信をもち、さらに恥をかきつづけることができるかどうかが運命を分ける。本当に自分にプライドをもっている人なら英語での失敗なんて気にもとめないはずだ。負けず嫌いなのは、自分に対してだけでいい。

ライバルは過去の自分だ。過去の自分を乗り越えるためなら、少々ネイティブ相手に恥をかいてもいいのだ。「聞くは一時の恥、聞かぬは一生の恥」というが、どんどん自分の知らない表現や単語はネイティブにたずね、自分でもどんどん新しい表現を試してみよう。

恥をかいたあとは、失敗をリカバーしようと頭の回転も急激によくなるから、それを利用して間違った表現は覚えてしまえばいい。

たまには「プチ留学」で気分転換

英語の勉強をつづけていても、成果が見えてこなければ、じきにモチベーションもダウンする。そんなとき、「**実際に英語を使う体験をして、学習のモチベーションをアップさせる**」のも1つの手だ。英語学習を行っていくうえで大切なのは、いかにモチベーションを維持していくかである。英語の学習それ自体が三度の飯より好きという、私のような一部のマニアを除けば、**成果の実感が必要**なのだ。

したがって、学習の過程で身につけた英語力を試してみる場が必要なのである。例えば、思い切って、英語圏に1週間程度のプチ留学をしてみるのもいい。留学といっても、つまりただの海外旅行でいいのだが、実際自分がどの程度英語を使いこなせるかを実感してみるのもいいだろう。

ネイティブの英語が、「かなり聞き取れた！」と実感できるとやる気も倍増するだろうし、もし、うまくいかないことがあっても、その課題克服を目標にまた帰国後もがんばれるのである。

英語は、使うために学習する。使うからまた学習できるのだ。

私の「大風呂敷」作戦！

「自分は英語ができると宣言する」

私は、もともと英語がそれほど得意だったわけではなかった。TOEIC初受験のときの点数は、確か500点ちょうどだった。ただ、何の根拠もないのに「900点台を取る」と周りに宣言していた。はたから見るとただのバカに映ったかもしれない。でも結果的に、900点台に達するのに数年間かかったが、目標は達成できた。

また留学前から「絶対にロンドン大学で修士号を取得する」と周りに宣言していた。当時は、プチ留学も経験したことなく、全く海外オンチだったが、なぜかロンドン大学で修士号を取る自分を想像できた。

今から思うと自分の才能に確信はもてなくても、そのために自分が注ぎ込む努力にだけは、確信がもてたのだと思う。実際2～3日徹夜で英語の論文作成に取り組み、体がケイレンしたりしたこともあったが、気づいたらネイティブでも落第することの多いロンドン大学の修士号を取得していた。

英語がもともとできるからそれらを成しえたのではなくて、英語ができると宣言し、ホラがホラで終わらないようにその目標との差を埋める努力をしたから、ある程度目標がかなったのかなと思う。

皆さんも、自分なりに少し高めの目標を設定して、誰かに宣言してみるといい。そのときから自分の目標に向かってモチベーションがグッと上がるはずだ。そして、そのときには「英語ができるようになったらいいな」ではなく、「英語ができる！」と言おう。まずは大風呂敷を広げる。あとは、それをゆっくりたたむだけだ。

私も皆さんに向かって宣言しておこう。今後も、「もっと高い英語力と英語教授力を身につけていく」と。

1日3回英語で感動する

英語の映画を見る利点として、感動しながら英語を学べることが大きい。感動しながら映画を見ることでクラッシェンの提唱する情意フィルターが下がり、英語の吸収がよくなるのだ。

「英語を楽しまないと伸びない」というのも、そういう理由からだ。

くり返しくり返し同じ映画を見て、耳にしたセリフを何度も何度も口にしたりするうちに、自然と「英語脳」が育成されるのだ。

「感動して『英語脳』をゲット！」できれば、なんて素晴らしいことだろう。ぜひ、皆さんには、英語で映画を見ることを三度の飯のように習慣にしていただきたい。

成功のスパイラルをつくりだせ！

英語は、一度その英語力が伸びた経験があるとそれがプラスの循環を生みだす。一度うまくいったことで自分に自信がもてるし、どんどん英語を使うことでますます英語が上達するという好循環が生まれるからだ。言語学者 Hermann は、言語学習の成功がさらなる言語学習の動機を高める「Resultative Motivation」（結果的動機づけ）を提唱している。まさに成功が成功を生む好循環ができあがるのだ。

エリスとガードナー、ランバート、Hermann の理論をもとに、私が２００２年に大学院の論文に載せた言語習得のためのモチベーションの仕組み図が次のものだ。

●成功が成功を呼ぶスパイラル●

楽しみながら英語をマスターするための
モチベーションの仕組み

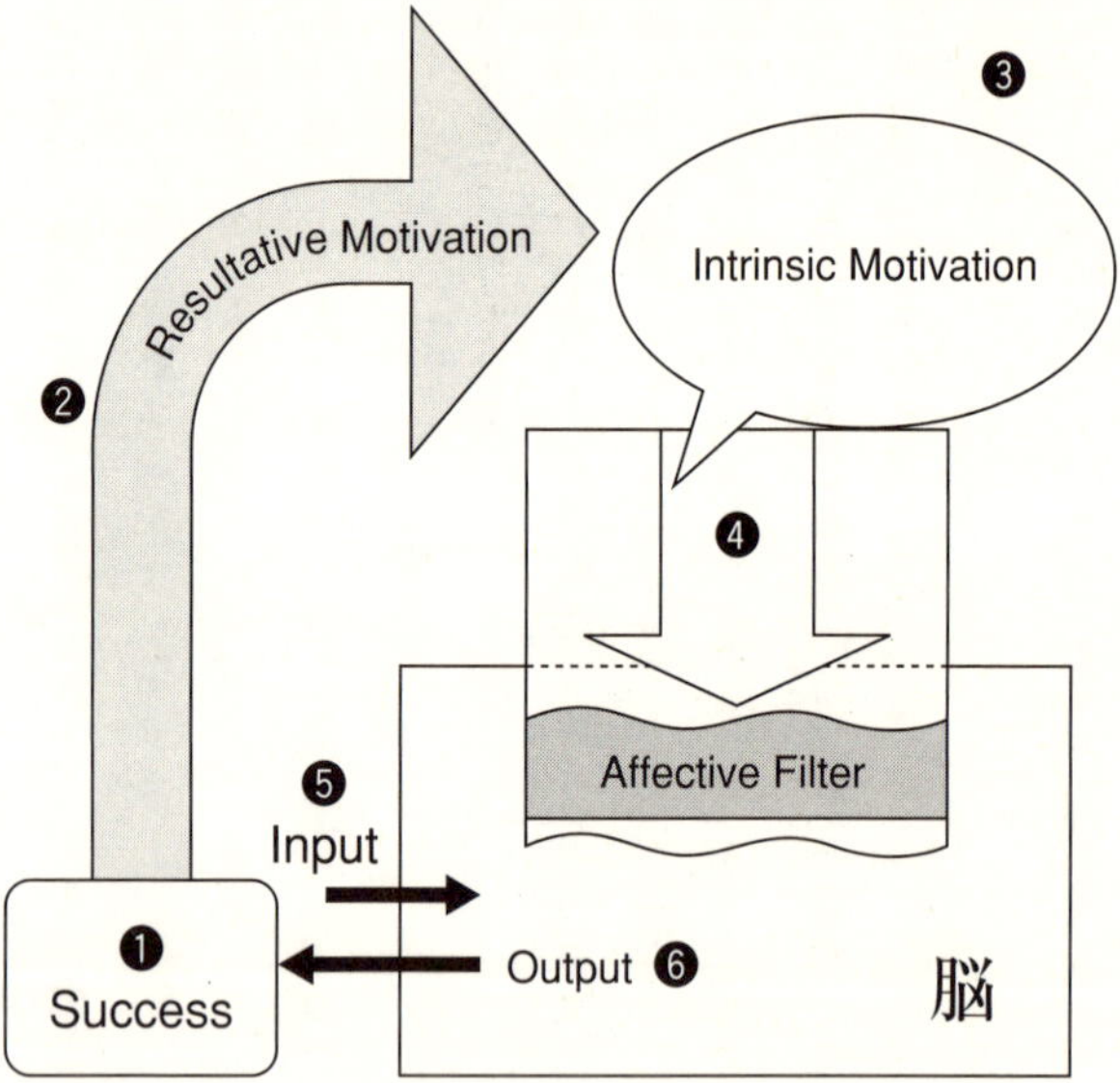

❶英語が伸びたと感じたり、いい成績を取った経験は、
❷その成功体験が新たなモチベーションとなって、
❸自発的なモチベーションを刺激し、さらに高める。
❹この結果、脳内の情意フィルターが下がり、
❺緊張のほどけた脳への英語の吸収がよくなる。
❻この好循環で得た英語力が、さらに新しい成功を呼ぶ。

つまり実利的な目標のＴＯＥＩＣや英検のような試験で結果をだすことで、やればできるというResultative Motivationを刺激し、成功のスパイラルをつくりだし、心の奥底から英語をやりたいというIntrinsic Motivationにつなげ、興味をもって英語に取り組むことでAffective Filter（情意フィルター）を下げ、さらなる成功につなげるという仕組みである。

この仕組みを利用して、ぜひ皆さんには、楽しみつつ実利を得ながら英語をマスターしていただきたい。

ネイティブ信仰はただの妄想

決して「ネイティブ＝優秀」とはならないのである。むしろ、英語のネイティブスピーカーは、数多くある国々のうち、唯一モノリンガルの国民といってもいいのだ。

バイリンガルである私たちが、彼らに合わせてあげているぐらいに考えてちょうどいい。

私たちが、アメリカやイギリスに旅行や留学したときに、日本語を使って現地の人と会話するだろうか？

外国に行っているのだから、当然、できるかぎりその国の言語で話そうと試みるのではないだろうか。まさか、現地の人に日本語で話すように求めたりはしないだろう。だってその国に一時的に滞在させてもらっているわけだから。

にもかかわらず、日本でネイティブに英語で話しかけられると、英語が話せなくて申し訳ないと落ち込む日本人が多い。

全く落ち込む必要はない。本来なら彼らが、日本語会話ブックを片手にカタコトの日本語で私たちに話しかけてくるべきなのだ。なぜならここは、日本だからだ。

英語で話しかけてくるネイティブがいたら、こちらが相手に合わせてあげているんだという余裕をもって接しよう。

英語圏で伸びる力、伸びない力

もしいま留学を考えているのなら、その留学に必要以上の多大な期待をしないほうがいい。**「日本でやれることは、やっていく」**ことが大切だ。

私も留学前は、海外に1年ほどいればネイティブのようになれると固く信じていた。しかし、それはすぐに間違いであることに気づいた。もちろん向こうに行って数ヵ月でリスニング力はグーンと伸びて普段の生活で困ることはなくなったが、英語圏に住んでいたからといって、自然に英文法力が身につくわけではない。

大学院で英語の論文作成（修論は1万6000ワード）や、英語でのプレゼンなどもしなければいけなかった私は、文法なども現地で独学で勉強するしかなかった。英語圏の中心ロンドンでわざわざ日本語で書かれた英文法書を使って勉強していたのである。

我ながら間抜けだった。海外に留学する人は、1年やそこらの留学に過度の期待をかけずに、留学前から日本でできる勉強はしていったほうがいい。

確かに英語圏で生活していると、リスニング力やスピーキング力は上昇するのだが、文法力や読解力は、英語圏でもやはりきちんと勉強しなければ、伸びなやんでしまう。私のように留学してから文法・語彙力の大切さに気づき、英語圏でわざわざ日本語で書かれた英語の文法書を勉強する人も少なくない。

留学に過度の期待をかけるのではなく、日本にいてもできることを着実にこなすことが、英語の総合力アップにつながる。語彙力、文法力、読解力など日本で伸ばせる能力に関しては、日本にいる間に確実にこなしてから留学するようにしたい。

世界から日本を見てみる

むしろ海外にでることの意味は、日本という国を外から客観的に見つめられることのほうがはるかに大きいのだ。なかなか言葉にして伝えにくいことだが、私が留学前に見ていた日本と留学後に見ている日本は違うのである。他の国に数年間住んでみて初めて日本を客観的に見られるようになったといっていいだろう。

他との関係で初めて自分たちの客観的な位置がつかめるのだ。日本しか見ないで世界を相手にするのと、世界から日本を見たうえで世界を相手にするのとは全く違う。特に若い世代の読者の方には、早いうちに海外での生活も経験してもらいたいと思う。

英語力より大切な環境適応能力

海外に長期間住んだことのある人は、みんな納得できるであろうが、勉強に専念する以前に、その地の風土や文化に慣れなければいけない。違う国で生き抜くということは、それだけで大変だ。食事の問題もある、その国独自の文化や目に見えない差別も存在する。ある意味どんな環境でも生きていける図太さが、海外で生活するには必要だ。勉強や仕事に打ち込む前に、まずその環境で生きるというハードルをクリアしなければいけないのだ。

実は、私も本当の意味で研究に打ち込めたのはイギリス留学2年目からだ。1年目は、イギリスの生活に慣れるだけで大変だった。食生活も言葉も違う、治安も日本ほどよくない、大学院経験もない、日本人ということで正当に評価してもらえるかどうかも分からない。全てないことづくしの留学1年目だった。

そんなときでも、クラスメイトやフラットメイトには、本当にお世話になった。食生活で困っていたとき、キッチンでパーティを開いてくれたフラットメイト。エッセイで悩んでいたら、そっと役立つ文献を教えてくれたクラスメイト。私の留学生活は、彼らの存在なしではありえなかったのだ。

今も留学生活を思いだすと胸が熱くなることがある。言葉も、肌の色も、目の色も、文化の違いも関係ない。「人は、人によって支えられて生きている」と心から感じさせてくれた留学生活だった。

第6章　育て方❶３６５日計画で何をどうするか

最速を手に入れる効果的な手順

もし1年で実践的な英語力を身につけようと考えたとき、学習の順番というのが非常に重要になってくる。まずボキャブラリーと文法の重要性は第3章で述べてきたとおりだ。これがないと学習が全く進まないのである。

この段階を抜きにしてリスニングに何時間費やしても、ほとんど無駄である。その英単語の意味を知らないのだから、音としての認識はできても意味が理解できるはずがない。また、リスニングと読解というのは、ともに相関関係があり（ともに自分の理解を超える範囲の理解も必要とされる→コンプリヘンション）、読解から入ってしまうと人によっては、ゆっくり読みすぎてしまい、リスニングでは使えないことが多いので、リスニング→読解の順番でいく。

その後はスピーキング→ライティングという流れなのだが、ライティングは、英単語のスペルも構文も全て知っていないと書くことができないものであり、スピーキングの正式紙バージョンだといえる。学習の最終段階にもってくるのがいいだろう。

　このように英語学習には、効率的にマスターするための順番のようなものが存在するので、その順番を意識して学習したほうが、当然ながら伸びは速い。また言語学の専門書によると、「耳で聞き取れない音は、発音できない」という。すなわち発音→リスニングではなく、**リスニング→発音の順番で学習**していくべきなのだ。まず英語を聞いて、それをリピートしていく中で少しずつ発音を練習していくのがいい。

　英単語、文法暗記のコツとして全体に目を通してから細かい暗記に入っていくことが大切である。例えば英単語の場合、1つの英単語にいくつも意味があったりする場合、全部完璧に覚えてから次の単語にいこうとする人も多いが、それだと一度に少ししか進めない。やっと3ヵ月ぐらいかけて一通り単語集に目を通し終わったころには、最初のほうにやったところを完全に忘れているということがおこりうる。

　それどころか、毎回少ししか進まないのでウンザリしてしまい、途中で暗記を投げだすということにもなるだろう。したがって1回目は、核となる英単語の意味を1つだけ覚えておいて、2~3週間ぐらいで、遅くとも1ヵ月ぐらいで一通り英単語集に目を通し終わるようにする。

文法でも同様である。細かい暗記事項を最初から覚えだすとキリがないので、まず薄い文法参考書に一通り目を通し、記憶の軸を固めることに力を注ぐ。木に幹があって、そこから枝や葉につながるように、まず文法のおおまかな幹の部分をおさえてしまうのだ。

一通り文法事項に目を通してからのほうが、細かい部分もどこまで目を通すかの判断がつきやすい。逆にこの記憶の軸を固めずに細かい文法事項の暗記のみをしても、数ヵ月もすればキレイさっぱり忘れてしまうだろう。あくまで記憶の軸があったうえで、細部も覚えておけるのである。

英単語、文法事項の暗記にしても1ヵ月で一通り目を通してしまう。そして試験本番まで何度も何度もくり返し復習し、暗記の精度を高めていくのである。その際、今自分が、全体のどのパーツを勉強しているかを常に意識することが大切だ。

「伸び悩み」はむしろチャンス！

もう1つ重要な事項として英語は伸び悩んだあとに伸びるという法則がある。英語の伸びは一直線ではない。必ず伸びる前に一度停滞するのだ。そこで踏ん張って英語学習をつづけられれば、あるときまたグッと英語力が上昇する。イメージ的には、英語力の伸びは次ページの図「英語力の伸びのイメージ」のような感じだ。

最初英語学習を始めたころは、グッと伸びる。しばらくするとその伸びが停滞する。そのあとまたグッと伸びて停滞期に入る。このくり返しだ。

いちばん辛いのが、この停滞の時期である。伸びている間は、勉強していても楽しいのだが、停滞期は、やってもやってもそれが目に見える形の結果としてでてこないので厳しい。そこでイヤになって学習を止めてしまう人も多いだろう。しかし、この時期は目に見えないだけで確実にあなたの内部の英語力は蓄積されているのだ。

バケツに水を入れているところを想像してもらいたい（次ページの「停滞期のイメージ」参照）。

水は、バケツの中に少しずつたまっているのだが、一見外からは水が内部にたまっているのが見えない。したがってパッと見は、9割まで水がたまっている人と3割までしか水がたまっていない人の差は見えない。しかし日々着実に英語学習に取り組んでいる人の水は確実に少しずつたまっている。

●英語力の伸びのイメージ●

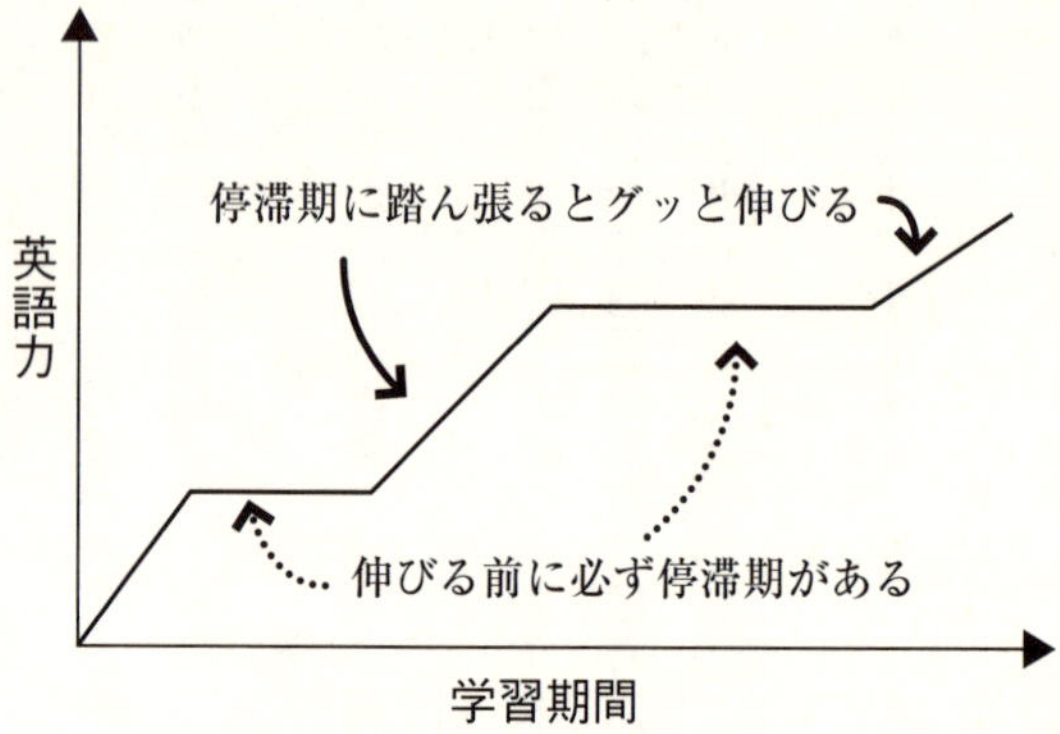

●停滞期のイメージ●

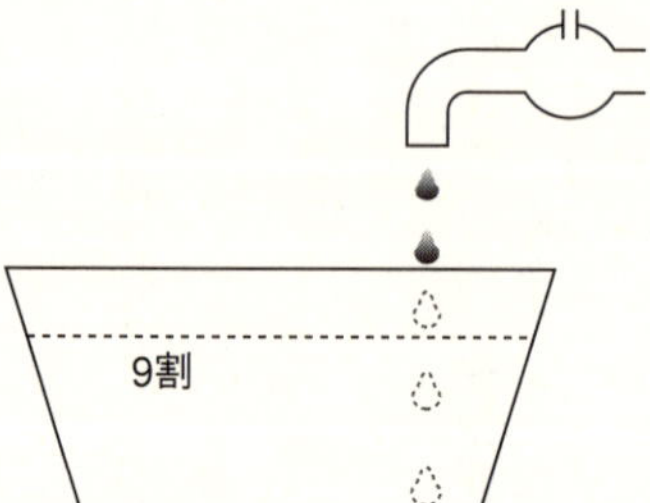

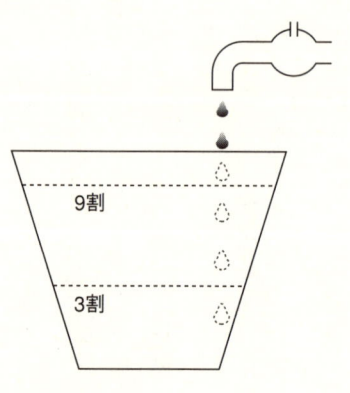

英語力は着実にたまって（ついて）いる！

バケツの水は必ずあふれる！

そして、ある日ついにその蓄積された水がバケツからあふれでる。これが急に「英語が聞き取れるようになった」「話せるようになった」という状態である。

反対に、どうせやらなくてもパッと見は変わらないからとなにもしない人は、全く蓄積されていかない。周りで水があふれでた人を目にしてマズイと思っても、ゼロから蓄積していくには数ヵ月から半年ぐらいの期間がまた必要になる。

「英語が伸び悩んでいる」という人こそチャンスだ。今は、さらなる飛躍のために頭の中で情報が蓄積されている状態である。やり方を間違わずに学習をつづければ、必ずあなたの英語力は再び大きく上昇するのである。

英語が伸び悩んでいる人にこそ言いたい。**今こそ追撃の手をゆるめずにガンガン英語学習に時間を投入するべきときだと。**

行きづまったらリフレッシュ！

ただし、そうはいっても伸びが実感できない中で、長時間英語の学習をするのは大変なこともあるだろう。そんなときは、映画を見たり洋楽を聞いて気分をリフレッシュするのがいい。映画は、楽しんで英語を聞きながらしかも時間を稼げるという、「英語脳」育成には欠かせないものである。

英語学習にある程度の時間は必要だが、嫌々やっても効果は薄いし、英語が嫌いになるだけだ。できるだけ楽しく英語に向かえるように自分でも工夫してみよう。

少しずつでも、毎日休まずに！

あと注意点としては、英語に全くタッチしない日をつくらないこと。

数ヵ月がんばって英語に取り組んでも、１ヵ月全く英語に触れなかったらまたもとの英語力にもどってしまっているだろう。ＴＯＥＩＣで８００点を超えるレベルにまでなると、しばらく英語力は落ちなくなるのだが、それまでは１日でも英語に触れない日をつくらない覚悟をもって取り組むことが大切だ。いったん英語から離れると、再開するのが大変になる。

フィギュアスケート選手は、１日でも滑らない日があると不安になると聞いたことがあるが、英語も同じだ。**忙しい日はたとえ20分でも構わないので、英語に触れるようにしよう。**

そして、最速で「英語脳」を手にするために、「ボキャブラリー↓文法↓リスニング↓読解↓スピーキング↓ライティング」の順で英語を攻略していこう！

第7章　育て方❷中野式英単語3段階暗記法！

いま、あなたの英単語力は？

「敵を知り、己を知れば、百戦あやうからず」という孫子のことわざもある。まずは、あなたの英単語力を測定してみよう。

次ページの20の英単語のうち、どれぐらいご存知だろうか？（答えは１１６ページ）

16個以上、正確に意味を即答できた人は、語彙力に関しては、ひとまず自信をもっていいだろう。半分以下しか分からなかった人は、語彙力を増強する必要がある。ちなみに、これらの単語は、ＴＯＥＩＣで狙《ねら》われやすい単語だ。

単語力と英語力は、ある程度相関性がある。単語を知らないとリスニングで音が聞き取れても意味が分からないし、読解問題でもいちいち前後から類推しなければならず、読むスピードが落ちてしまう。それに前後から類推するにしても限度がある。１つのセンテンスで３つも４つも知らない単語がでてきたら、類推などとてもじゃないができない。

スキマ時間を有効活用

基本的な単語は、通勤時間などを利用してこまめに覚えよう。人間の脳は１回で全ての単

●あなたの単語力は？●

次の20の英単語の意味を答えてください。

- complete = (　　　　　　)
- explain = (　　　　　　)
- improve = (　　　　　　)
- budget = (　　　　　　)
- available = (　　　　　　)
- means = (　　　　　　)
- sufficient = (　　　　　　)
- headquarters = (　　　　　　)
- annual = (　　　　　　)
- representative = (　　　　　　)
- drawback = (　　　　　　)
- accounting = (　　　　　　)
- personnel = (　　　　　　)
- subscription = (　　　　　　)
- merger = (　　　　　　)
- endorse = (　　　　　　)
- subsidy = (　　　　　　)
- thorough = (　　　　　　)
- premium = (　　　　　　)
- mandatory = (　　　　　　)

●いくつ分かりましたか？●

115ページの解答例

・complete	＝完成させる、完全な
・explain	＝説明する
・improve	＝改善する
・budget	＝予算
・available	＝利用できる、入手可能な
・means	＝手段
・sufficient	＝十分な
・headquarters	＝本社
・annual	＝１年の、年１回の
・representative	＝代表的な、代表者
・drawback	＝欠点
・accounting	＝会計、経理
・personnel	＝人事課、職員
・subscription	＝予約購読
・merger	＝合併
・endorse	＝～を承認する、裏書きをする
・subsidy	＝補助金
・thorough	＝徹底的な
・premium	＝保険料、高級な
・mandatory	＝強制的な

語を覚えられるほど器用にはできていない。くり返し単語を覚えることで徐々に単語が脳に定着してくるのだ。1回しかやらなかったら、100個覚えてもせいぜい20個ぐらいしか頭に残らないだろう。それなら、細切れの時間を利用して英単語30個を3回くり返したほうが、よっぽど効率的だし頭にも残る。

普段の学習でかなり軽視されがちな語彙力であるが、文法や読解では、決定的な要因となることが非常に多い。

中野式英単語暗記のプラン

優等生な人ほど、一度に完璧に英単語を覚えようとする。しかし、一度に完璧に英単語を覚えられる人はいない。

だから、**忘れることを前提に英単語を覚えるプランをつくるのである。**

例えば、TOEIC受験生の間で人気の『TOEICテストにでる順英単語』（中経出版）を使用する場合であれば、少なくとも最低3回（できれば5回）は、本番までに見直すことを前提に暗記するのだ。

★ステップ1

1回目は、知っている単語と知らない単語を分けるぐらいの気持ちでいい。

1週間で300～500個を目標に目を通していこう。500個といってもひるむ必要はない。1回目は知っている英単語と知らない英単語を分けるだけだから1～2時間もあれば、500個程度は目を通せる。

先ほど書いたように、まずとにかく全体に一通り目を通すことが大切なのである。ただしここでは、まだ単語帳をつくらないこと。おそらくこの段階では、まだまだ知らない英単語も多いことだろう。この段階で英単語帳をつくると膨大な数になり、覚えることより、英単語帳をつくることが目的になってしまい、本末転倒ということになりかねない。

また**1回目でしっかり意味を取れている英単語は、斜線を引いてもう見直さなくてもよい。**なんの勉強もせずに覚えている英単語は、数ヵ月後も覚えている可能性が高いからだ。

★ステップ2

2回目は、品詞と他の意味も意識しながら覚えていく。

例えば、objective なら名詞の「目的」と形容詞の「客観的な」といった感じでおさえていく。TOEICやTOEFLでは、品詞が問題で問われることが非常に多いから、品詞は確実におさえておく必要があるのだ。品詞を丁寧におさえていくことで、ボキャブラリーだけでなく文法力も同時に育成するようにするのだ。

副詞については、文全体と①動詞、②形容詞、③副詞を修飾し、形容詞は名詞を修飾するという基本的文法ルールは、最初におさえておく必要がある。

He speaks English very fluently.

この文の場合、「very」がまず副詞で「fluently」という副詞を修飾している。そして、「fluently」が「speaks」という動詞を修飾している。

また「very」は、副詞なので「beautiful」のような形容詞も修飾する。

一方、副詞は、名詞を修飾できない。「most students」とは言うことができても「almost students」とは言えないのだ（almostは、副詞）。このように英単語とともに文法の原則も頭に入れておくと、上達が速くなる。

★ステップ3

そして3回目以降では、今までの暗記の精度を確認していく。

この段階になって初めて、覚えていない英単語の単語帳をつくったりカードをつくったりしていくのだ。

この段階までくれば、6～7割は暗記が進んでいるから、カード化しても膨大な量にはならず、また自分が苦手とする単語ばかりだから単語帳をつくる価値もでてくる。例文もセットにして単語帳やカード化するといいだろう。

例えば、「accompany by～」という表現を覚えたければ、

The president is accompanied by the vice-president.

（社長は、副社長に付き添われている）

のように例文をつくる。自分の覚えたい単語を同時に使えば、1つの例文を覚えるだけで相乗的な効果も得られる。

ここでは、「vice-president」（副社長）という英単語も同時に覚えられるように英文をつ

くっている。ただここでも**覚えるために単語帳やカードをつくる**ということだ。単語帳をつくることが目的になることは絶対に避けなければいけない。

少々厳しい言い方をすれば、（過去の私もそうだったが）単語帳をつくる自分に満足しているということも少なくない。単語が覚えられなければ、その単語帳やカードもただの紙くずと化してしまうのだ。

時にはあきらめもカンジン！

3段階を経ても、もちろん覚えられない単語は存在するだろう。英単語暗記にも一種の相性のようなものが存在する。「もっと難しい綴《つづ》りの英単語は覚えられたのに、この単語だけは、なかなか頭に入らない」という単語は確かに存在する。相性のいい単語は、少々難易度が高くても簡単に頭に入るのだが相性の悪い英単語は何度やっても頭に入らない。

したがって、全ての英単語を同じように暗記しようとするのではなく、苦手な英単語は自分で英文をつくったり、英会話などで意識的に使ってみるなど、暗記のきっかけを自分でつくってあげることが大切だ。そして苦手な英単語は、カード化したものを2～3週間の間、毎日チェックしよう。さすがに15回もやれば頭に入ってくるはずだ。

それでも覚えられない単語は、潔く捨てよう。

そこまでして覚えられなかった英単語なら直前に見直してもまた本試験で忘れてしまって使えないということが多い。なにも全問正解を目指す必要はないのだ。そのぶん他の英単語暗記に時間を費やしたほうが、効率的だ。

この地味な英単語暗記をいかに継続できるかが、その後の伸びを決定づける。この作業抜きにして大幅な英語力アップは考えられない。アメリカ人やイギリス人は英語を使いこなせるのだ。日本語をマスターできた私たちが、やってやれないはずがない。

覚えた単語は「寝て」たたき込む

寝る前、起きたとき、電車の中など徹底的に細切れ時間を利用して英単語の復習に当てる。**英単語集との接触頻度を高める**のだ。寝る前に英単語を覚えるとそのうちの数十パーセントかは記憶に残るといわれている。単語を覚えて、忘れないために寝て記憶を定着させるのだ。

もちろん忘れている部分も多いだろうから、翌朝もう一度復習する。

さらに電車の中は、〇〇駅までと目標を設定すると**締め切り効果**も働き、暗記の効率も上がる。また意外と周りが多少ざわざわしているほうが、自分の世界に没頭しやすく、そういった意味でも**電車の中は意外に攻めの暗記に適している**。新しい英単語もどんどん覚えることが可能である。

反対に朝起きた直後は、復習の時間に向いている。昨夜覚えたところで自信がないところに目を通すだけでもいい。逆に朝起きたての状態のときに新しい英単語を覚えるのは、なかなかテンションが上がらず大変だろう。特に私のように低血圧の人は、朝起きたてからガンガン攻めの暗記をするのは大変である。

英単語の時間配分モデルは、次ページの図のような感じだ。このような暗記のサーキュレーション（循環）をうまくつくることが大切である。

そうすれば、英単語にまとめて日に2時間も3時間も時間を取られることもなくなる。**英単語などの単純暗記に関しては、まとめて数時間も取るより、数十分ずつでも接触頻度を上げたほうがはるかに効果が高い。**

時間は、みんな24時間しかない。いかに細切れ時間を有効に使うかが要《かなめ》である。

●英単語暗記のモデル●

暗記のサーキュレーションをつくれ！

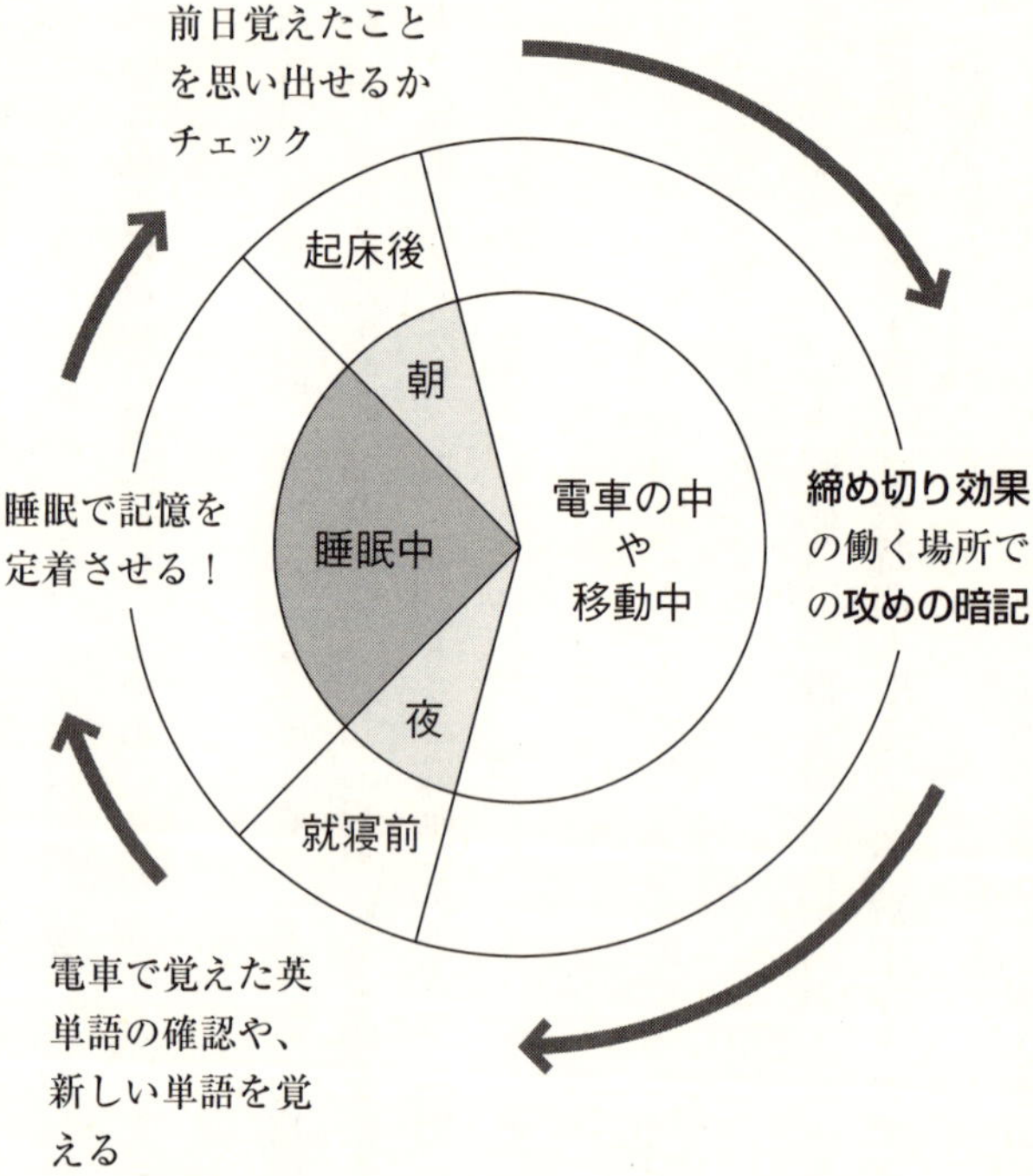
前日覚えたこと
を思い出せるか
チェック
起床後
朝
睡眠で記憶を
定着させる！
睡眠中
電車の中
や
移動中
締め切り効果
の働く場所で
の攻めの暗記
夜
就寝前
電車で覚えた英
単語の確認や、
新しい単語を覚
える

※細切れ時間を有効に活用する！
※就寝前に、覚えた単語の再確認＆新規の暗記！
※朝起きたら記憶の確認！

マップ化で暗記速度を倍速化

基本的な英単語に関しては、最初にかたっぱしから暗記ありきの姿勢でもいいが、ある程度ボキャブラリーが蓄積されてきたら一問一答は、要領が悪い。類義語、反意語など関係をマップ化して（関連づけて、系統立てて）覚えるようにしよう。

例えば、「important」＝「重要な」としか覚えていなかったら、試験ではその知識を使う機会はほとんどないだろう。「vital」「necessary」「essential」ぐらいは、同じ意味であることをおさえておこう。

少し難しいが、「indispensable」や「imperative」などもおさえておきたい。

次のような感じで、ドンドンマップ化していこう！

★類義語（Synonym）バージョン

important
＝ vital
＝ necessary

= essential
= indispensable
= imperative

反意語に関しては、接頭語を最大限に生かして覚えていく。例えば、「ex」は「外に～」というイメージ。「in」や「im」は、「内側に～」というイメージである。そうすれば、イメージから単語をセットでおさえることができる。

★反意語（Antonym）バージョン

export（輸出） ⇔ import（輸入）
exclude（除外する） ⇔ include（含む）
extensive（広範囲の）⇔ intensive（集中的な）
external（外部の） ⇔ internal（内部の）

一問一答だとなかなかボキャブラリーは増えないが、このように**マップ化することで英単**

語の暗記の速度は３倍、４倍と倍速化する。

映画で英単語の仕上げを！

覚えた英単語を、映画の中で意識的に確認する。映画の中の文脈とセットで英単語をおさえていくのである。私は「プリティ・ウーマン」を50回ぐらい見たが、英単語を覚えるうえで大いに役立った。

例えば、「intriguing」（好奇心をそそる）という英単語があるが、それを普通に覚えるのは苦労する。しかし物語の中のホテルマネージャーが、セクシーでありながらもクラシックな格好をすると淑女のように変身するヒロインの女性を「intriguing young lady」と話しているが、このように**セリフと文脈とをセットで覚えること**で、この難解な英単語も記憶にバッチリ入るのである。まさにトップダウン方式とボトムアップ方式の組み合わせである。

また映画は、海外に行かないと簡単に習得できないコロケーション（語と語の組み合わせ）の感覚をマスターするのにも効果を発揮する。

例えば、「hold a party」や「give a party」とは言えるが、「take a party」とは言えない。

なんとなく言えそうだが、やっぱり言わないのだ。コロケーションの問題なのだ。日本語でも「行動に移す」とは言うが、「行動に移動する」とは言わないのと同様だ。

映画でボキャブラリーの仕上げをしておくと、理屈ではなく感覚で英単語を頭に入れられるようになる。

第8章　育て方❸リスニング力を上げる秘訣

トレーニングを始める前に

私たちに求められるリスニング力には、さまざまなものがある。正確に一語一語の英語の音を聞き取るリスニング力もあれば、流れの中で英語の意味をとらえるリスニング力もある。

ＴＯＥＩＣでいえば、パート１と２が細かい音の聞き取りにあたり、パート３と４が流れの中でその放送文全体でどういうことを言いたいのかを理解する能力が試されるパートになる。英語を「点でとらえる」か「線でとらえる」かの違いといってもいい。

このようにリスニングといっても求められる能力には違いがあるのである。

したがって、正確な聞き取り能力向上のために、聞いた英語を書き取るディクテーションを行ったり、場合によっては、「マジックリスニング」などの聴覚訓練が役に立つこともあるだろう。

逆に英語のまま理解する能力を育成するために映画や「ヒアリングマラソン」などの教材が役立つこともある。サッカーでもインサイドキックとアウトサイドキックではキックの目的もマスターのための練習法も異なる。大切なのは、今自分がなんのトレーニングをなんのためにしているのかを意識することである。意識することできっと習得期間を短縮させることができるはずだ。

聞いた英語は、全て書き取れ！

英語のリスニング力を上げるには、ある程度の絶対量を聞くことは大切である。しかし、時間をかければ、聞けない音がかってに全て聞き取れるようになるわけではない。**意識して聞こえない音を聞き取る練習をしなければ、いつまでたっても聞き取れない音は、聞き取れるようにならない**のである。

では、細かい音の聞き取りはどうやって練習すればいいのか。その答えが**ディクテーション**だ。これは、聞いた英語を一語一語、書き取ることであるが、リスニング力増強に有効な学習方法になる。

どの音が聞き取れて、どの音が聞き取れないかを、ディクテーションすることによって顕在化することができるのだ。聞き取れたつもりでいた音が、紙に書くことによってはっきりするのである。

例えば、「around the table」のつもりで聞き取っていた音が、ディクテーションをすることで、実は、「a round table」だったと分かることもある。

なんとなく聞いて分かるレベルでとどめておくと、いつまでたっても正確に聞き取れるようにならない。ディクテーションをして、正確な聞き取り能力を育成することが大切である。英語を聞いても認識できない音は認識できないままだ。自分が書き取れなかった英語をスクリプトと見比べることで初めて自分がどの部分が分かってどの部分が分からなかったのかを理解することができる。

リスニング力を伸ばすためには、質と量の両方のアプローチが必要だ。いくら毎日5時間英語を聞いていても、80パーセントの理解のままでチェックしなかったら永遠に80パーセントの理解のままだ。

ディクテーション↓自分の弱点理解↓自分の課題点を理解したうえでの多聴（大量のリスニング）↓ディクテーション、というサイクルをつくることが、リスニング力向上には必要なのだ。

まずは1日10分

もちろん、量をこなせば質に転化するというのも一理ある。ＴＯＥＩＣで６５０点以上ある人は、聞けば聞くほど自分の上達ぶりが少しずつ感じ取れるので、長時間やっていてもそれほど苦痛も感じないだろうし、自然と質のよいインプットもできるだろう。

ところが、ＴＯＥＩＣで６００点に達していない人の場合（全受験者の半分以上がそうなのだが）、全然意味の分からないちんぷんかんぷんな英語を何時間も聞くのは苦痛だろうし、まず長くはつづかないだろう（昔の私がそうだった）。英語嫌いになってしまう人もいるかもしれない。

それなら**1日10分でも、きちんと時間を取って集中してリスニングに取り組んだほうがよい。**ただ漠然《ばくぜん》と聞くだけでなく、実際に聞いた英語を紙に書き取ること（＝ディクテーション）がとても大切。そうすることで分かったつもりでいた音が、実際は聞き取れていなかったことが分かる。

初めは、英単語１つ１つでつまってしまうこともあるだろうが、慣れてくると、単なる点でしかなかった英語の音がつながって線になるごとく、ワンセンテンス単位でも耳に入ってくるようになってくる。そうなったら、しめたものだ。確実にあなたのリスニング力は、１段階ステップアップしている。きっと英語学習が楽しくなって積極的に取り組めるようになるだろう。

TOEICに必要なリスニング力

「a」や「the」のような冠詞の聞き取りは、ＴＯＥＩＣ７００点、８００点ぐらいの人でも難しいと感じることがある。冠詞に関しては、最初のうちはあまり意識しなくてもよいだろう。

ディクテーションに慣れてくると、冠詞の違いも自然に聞き取れるようになってくるはずだ。それよりもその文の内容を伝える**内容語を聞き逃さないようにする**ことが大切である。

リスニング問題では、それを正確に聞き取れないと正解にたどりつけない語句と少々聞き逃しても大意に影響のない語句がある。

冠詞の「the」と「a」を聞き間違えていてもほとんどリスニングの内容理解には影響しないだろうし、もともとこの２つの聞き分けは、相当難しい。

それに対して疑問詞「where」と「when」とを聞き間違えると致命的な誤りとなる。もちろん文法問題や読解では、冠詞は重要な意味をもってくるし、リスニングでも聞き取れるに越したことはないのだが、あまりリスニング力のないうちから完璧主義に走るのも考えものである。

日本語でも多少相手の声が小さく、語尾がよく聞き取れなくても私たちは、会話をうまく成立させている。要は、英語だからといって必要以上に構えずに、気楽に接することが大切なのだ。

英語を線でとらえる——多聴

「多聴」では大まかな内容を把握することに焦点をおいて聞いていくのである。

精聴が英語を点でとらえることだとすれば、多聴は英語を線でとらえるイメージといってよい。リスニングの試験でも会話でも、多少細かい内容は聞き落としても、全体としてどういうことを言いたいのかを理解することのほうが大切な場合があるのだ。

ＴＯＥＩＣならリスニングのパート１やパート２は、精聴の能力を試す問題。パート３とパート４は、多聴の能力を試す問題といえる。どちらが重要かというのではなくて、場合と目的に応じて、正確なリスニングと大意を理解するリスニング能力を使い分けることが大切なのだ。

キーセンテンスをしっかりと耳でおさえていくことで、大意を理解することも可能になる。このレベルになって初めて、英語のシャワーを浴びつづけることが効果的になる。ディクテーションをくり返すことで正確に細かい音をひろえるようになっているからだ。したがって、この「精聴→多聴」という流れがリスニングには欠かせない。逆に多聴から始めると正確に音をひろえないまま英語を聞きつづけることになるので、非常に効率が悪くなる。

英語を一文一文丁寧に聞いていく精聴と、文字どおり英語をたくさん聞いて内容理解に努める多聴の練習を、普段のリスニング学習時間にうまく取り入れていくことが大切である。多聴のための教材としては、「ヒアリングマラソン」やＤＶＤなどで洋画を見ることをおすすめする。

映画の中の女優になれ！

リスニング力を上達させるのに映画がよいといわれているが、なぜそんなに効果的なのだろうか？　次の2点が理由として考えられる。

①量をこなせること

②感動しながら英語を聞けること

さきほどリスニングには精聴と多聴があるとお話ししたが、正確に聞き取る訓練は、野球の素振りみたいなものだ。一方、映画でリスニングを学習するのは実戦的な試合をするようなものである。素振りは非常に重要な練習だが、3時間野球の試合はできても、3時間ずっと素振りの練習というのは、普通の人には、辛い。だから、映画や洋楽などの生の英語（試合）で、素振り（精聴）で培った英語耳を試す必要があるのである。

また映画の素晴らしい点として、感動を伴って見ることができる点も見逃せない。感動したときや、プラスの精神状態にあるときは、クラッシェンが提唱している脳の中の情意フィルターと呼ばれるフィルターが下がり、聞いた英語が頭に吸収されやすくなる。

英語を聞くとなると、ついつい肩に力が入ってしまうが、実はこれが非常によろしくない。肩に力が入っていたり、精神的に不安をかかえた状態にあると、脳にあるフィルターが英語が入ってくるのをブロックしてしまう。クラッシェンは、これを情意フィルターと呼んでいる。

よく外国の人に急に話しかけられると、パニックになって全く相手の言うことが聞き取れないという人がいるが、そんな場合は、完全にフィルターが英語のインプットをブロックしてしまっている状態である。突然何の前触れもなくネイティブに話しかけられた場合も、予想外のハプニングで緊張してしまい、普段なら問題なく聞こえる英語も聞こえなくなることが多い。

逆に、リラックスして気分がノリノリのときは、フィルターが英語のインプットを妨げることなく、驚くほど英語が耳に入ってくる。

私自身、過去にはそんな理論は知らなかったが、「プリティ・ウーマン」を見て毎回感動しているうちに、自然と英語力がアップしていた（もちろん他の勉強もしていたが……）。

あと多くの映画を1回ずつというのではなく、自分のお気に入りの映画を何回も見るのがいい。

ストーリーを知っていたら、当然英語は聞き取りやすくなるだろうし、そこで使われている表現に目を向ける余裕もでてくる。ちなみに私は、先の「プリティ・ウーマン」を50回以上見て主人公のリチャード・ギアのセリフをほとんど覚えてしまった。そしてあたかも自分が主人公のような気分になって場面に合わせてセリフを話していた。

このように自分がその場面にいる気分になってセリフを話していると、文脈とセットで会話を覚えられるし、本当に使える英語力がつくのでおすすめだ。

女性なら、ジュリア・ロバーツの役になりきろう！

自分が女優になってそのセリフを演じるのだ。

ただし、そんなところを誰かに見られたら「あの人、大丈夫だろうか？」と心配をかけるので、誰もいないことを確認してからやろう（笑）。

ただやみくもに暗記マシーンのように英語に取り組んでも行きづまるときがくる。それを打ち破るのは、「英語が分かるって素晴らしい」という心からの感動なのだ！

そんな何回見ても飽きないお気に入り映画を見つけられたら幸せだと思う。

リテンション能力について

ＴＯＥＩＣやＴＯＥＦＬなどのリスニングパートで求められる能力に、リテンション能力というのがある。つまり、聞いた英語を一定の時間、頭に覚えておく記憶保持能力のことである。

リテンション能力を鍛えるポイントをあげると、

①英語のリスニング力そのものを上げること
②日本語で記憶保持の練習をすること

の２点である。

リテンション能力というので特別な能力を想像してしまうが、日本語だったら、相手が１分ぐらい話しても、会話の内容を覚えていられるはずだ。われわれにとって日本語を聞き取ることは、全く負担にならないし、全ての神経を会話の内容を覚えることに割くことができる。

一方、英語で話されたとき、リテンション能力が働かないというのは、まだリスニング力が日本語ほどではないので、英語を聞き取ることに精一杯で、聞いた内容を覚えておくことに神経をまわす余裕がないということなのだ。

したがって、精聴や多聴を通して、英語のリスニング基礎能力そのものをアップさせれば、聞いた内容を保持することに自然と力を割けるようになる。

もう1つの「日本語で記憶保持の練習をする」ということに関しては、日本語のニュースなど1～2分程度のものを聞いて、日本語で構わないので会話の内容を覚える練習をする。

こうすることで記憶保持そのもののキャパが鍛えられるので、英語を聞いた場合も比較的内容を覚えておきやすくなるだろう。結果的にＴＯＥＩＣやＴＯＥＦＬなどのスコアアップにもつながるかもしれない。

ただこのトレーニングでは、純粋な英語のリスニング能力そのものがレベルアップしたわけではないので注意が必要だ。

耳の柔軟性をアップせよ！

ＴＯＥＩＣやＴＯＥＦＬは、これまでアメリカ英語だったので、アメリカ英語だけ聞けばいいと思う方も少なくない。しかし、アメリカ英語のしかもニュースでアナウンサーが話すような英語しか聞かない人は、ちょっとアクセントがきつかったり地方なまりがある人の英語になると、全く聞き取れなくなる。また標準的なアメリカ英語はうまく聞き取れても、イギリス英語やオーストラリア英語などの他の英語圏の英語は、うまく聞き取れないということになりかねない。

これは、英語聞き取り能力の柔軟性に欠けているからだ。

例えるのなら、アメリカ英語は、音楽のスラー（なめらかに流れるようにつづく）、イギリス英語はスタッカート（一語一語を弾《はじ》くように）という感じである。カナダ英語は、アメリカ英語とイギリス英語の中間ぐらい。オーストラリア英語では、「エイ」が「アイ」のように聞こえる。

だからアメリカ英語だけに慣れた人は、アメリカ英語はよく聞き取れても、イギリス英語や他の国の英語には、うまく耳がついていけないということがありえる。

いろいろな英語に聞き慣れよう！

そもそも、世界中の人々と話せる世界共通言語というところに、英語の魅力や価値があるわけだから、アメリカ人としか話せないようだと本末転倒ということになりかねない。２００６年５月から始まった新傾向のＴＯＥＩＣではそのあたりが考慮され、今までのアメリカ英語に加え、イギリス英語、カナダ英語、オーストラリア英語のアクセントが25パーセントずつ均等に出題されるようになった（英検では、アメリカ英語とイギリス英語が50パーセントずつ出題されている）。

「急がば廻れ」という言葉があるが、ＴＯＥＩＣや英検で高成績を取りたければ、または世界中で通じる英語を身につけたければ、時には、**アメリカ英語以外の英語を意識的に聞くことも大切**なことなのだ。英語を聞き取る耳の柔軟性もつき、結果的には、スコアアップにもつながるはずだ。

第9章　育て方❹リーディング力向上の秘訣！

スキミングとスキャニング

ロンドン大学時代、多いときは、1日に数百ページの英文を読まなければいけなかった。これだけの量をこなそうと思うと、一文一文を訳していたのではとても間に合わない。そこで私が行った方法は、各パラグラフ（段落）のトピック・センテンス（パラグラフ内の要点をまとめた文）だけに目を通し大意のみをおさえ、本当に重要と思われるところだけよく読み込んでいくという方法である。

通常、パラグラフの冒頭にはトピック・センテンスが書かれており、そこには要点が示されている。そしてその下には、具体例や実験結果で結論を補足する構造をとっているパラグラフが多い。スキミング（飛ばし読み）で要点が書かれたトピック・センテンスのみをひろっていき、スキャニング（キーワード検索）で重要なキーワードは、詳細までおさえていく方法が非常に有効なのだ。

●**パラグラフの構成**（よくあるパラグラフの構成）

トピック・センテンス
具体例1
具体例2
具体例3
まとめ

英語だとなにか特別なテクニックを使っているようだが、実はわれわれが日本語で新聞や雑誌を読むときもこれと同じ作業をしている。まさか、新聞の最初から最後まで一字一句逃さずに読んでいく人は少ないだろう。われわれが日本語を読む際も、小見出しなどを飛ばし読みして、自分の興味のある分野の記事のみじっくり読んでいく。このような、ある意味メリハリのついた読解というのが、英語でも非常に大切なのだ。

このスキミングとスキャニングの組み合わせでどんどん英語は読みこなせる。そのおかげで私は、留学時代の3年間で、数百冊にわたる英書を読みこなせた。

TOEIC読解問題「超」攻略法

皆さんは、TOEICを何人くらいの方が、受験しているかご存知だろうか？　大ざっぱにいえば、少ないときで3万人、多いときで10万人である。その数万人の人が受験してその人の性格や個性、またその受験時の気分で解答がころころ動いてしまうようだと問題出題者側からすると問題として成りたたないのでマズイのである。

したがって10万人受験したら10万人が納得する解答の根拠を、問題作成者は問題文中に準備する必要があるのだ。

逆に私たち問題を解く側とすれば、その問題作成者が準備した解答の根拠を本文中からさがしだせばいい。グラフや表などの問題では、いっそう情報検索の意味合いは強くなる。つまり、問題作成者側の視点にたった逆転の発想で問題を解くのである。

そして、そこには「読解問題の正解率を、かぎりなく100パーセントに近づける驚異のテクニック」がある。

では、具体的にどうやって解答の根拠をさがしていけばいいのか？

まずは、解説を見る前に、１５１ページの英文を読んで設問に答えていただきたい。

さて、正解をだすだけなら最初の問題の答えは(a)、２番目は(c)で終わりである。

しかしそこで終わってしまうと、フィーリングレベルで終わってしまうので、どんな問題でも高い正解率をキープするのは難しい。もっと論理的に読解問題に取り組む必要がある。

具体的にどうすればいいかというと、普段から**単に正解を選ぶだけでなく、どこを解答の根拠としたのかをノートに書きとめておく**のだ。

例えば、１番目の問題であれば、

「正解(a)　１行目の becoming more health-conscious when it comes to children より」

２番目の問題なら、

「正解(c)　An estimated 30% to 40% of children are either overweight or at risk of becom-

【設問】

❶ About whom have restaurants become more health-conscious?

(a) children

(b) teenagers

(c) chickens

(d) obesity

＊obesity「肥満」

❷ Why is there growing concern about childhood obesity?

(a) It is estimated that 40-50% of children are overweight.

(b) Casual restaurants are serving burgers, French fries and fried chicken strips.

(c) It is estimated that 30-40% of children are overweight.

(d) Restaurants are changing their menus to include steamed broccoli and black beans.

●解答の「根拠」をさがす●

下記の英文を読んで、２つの設問の答えを(a)〜(d)の中から選んでください。

Restaurants are becoming more health-conscious when it comes to children. The traditional kid's menu at casual restaurants serving burgers, French fries and fried chicken strips is starting to include steamed broccoli, black beans and rice and grilled chicken. An estimated 30% to 40% of children are either overweight or at risk of becoming so. Hopefully we will see more restaurants follow in their direction.

＊An estimated 30% to 40% of children「推定30%〜40%の子供たち」

ing so.より」のように、自分が選んだ解答の根拠をノートに書きだしておくのだ。ヤマカンでなく、ちゃんとした理由があって解答にたどり着いたということを、はっきりと形に残しておくのだ。

さきほど書いたように問題作成者は、必ず解答の根拠を本文中に用意しておかなければいけない。その根拠を丁寧に1つ1つ掘りだしてやる作業が大切なのだ。

この作業をすることで、自信をもって学習者は解答できるだろうし、もし間違っても自分がどういう思考プロセスを経てその間違いの答えを選んだのか詳細にノートに残っているので、同じ間違いをしなくなる。まさに問題作成者側の視点にたった発想の転換である。

しかもこれは、日本人が苦手とされる論理的思考を育成するうえでも大いに武器になる。「なんとなくこれ！」ではなく、「正解は、○○。なぜなら～行目にこう書かれているから」ということが自然と言えるようになるのだ。ぜひ試してみてほしい。

第10章　育て方❺背景知識を入れる

英語力をさらにバックアップする

ＴＯＥＩＣを単なる言語テストと考えている人も少なくないが、もともとビジネスで使われる英語力を測るためのテストである。したがって内容も日常会話だけでなく、ビジネスの場面を想定して問題が作成されている。

そのため、全くビジネス経験のない方は、実務経験のあるビジネスパーソンに比べて難しく感じるだろう。そういう人は、日本語でもいいから基本的なビジネス知識を頭に入れておけばいい。

言語学の専門書にも、スキーマ（背景知識）があるとその分野の外国語に取り組みやすいという説がある。実際、海外事業部などで働いている人は、日常の仕事でこなしているような内容がそのまま試験でも問われるから取り組みやすい。

ビジネスで英語を使う人は、ＴＯＥＩＣをうまく利用して英語力だけでなくビジネス知識も学んでしまえばいい。世界から情報を取り入れ、逆に情報を世界に発信していくためにも、単に英語力だけでなく、ビジネスパーソンとしての教養も磨いておきたい。

情報収集力が明暗を分ける

本当に読解パートで高得点を取ろうと思ったら、なるべく海外のことにも興味をもってネットやラジオなども利用して英語圏の文化やビジネスにも興味をもつことだ。

極端な話、背景知識があれば、常識を働かすだけで選択肢をしぼることができる。海外で生活していれば、電話料金の請求書などが実際に届くから普段の生活そのままがテストに出題されることもあるのだ。

海外生活を半年以上経験した人のＴＯＥＩＣの平均点が７００点以上あるというのも、普段の大量のインプットに加え、目に見えないその背景知識が点数に反映されたものだと考えられる。

日本にいてもＣＮＮやＢＢＣ、英字新聞など海外の情報に触れる機会はけっこうある。目先のＴＯＥＩＣ問題集だけにとらわれずに、貪欲《どんよく》に海外の情報も取り入れていこう。あなたの知識も増えるし、英語の読解力も向上してまさに一石二鳥だ。

リーディング速度も精度もアップ

意識的に背景知識を詰め込むことで、読むスピードは倍速化する。これは、なにも特別なことではなく、通訳を生業《なりわい》とする人でも事前にその分野の資料を読み込んでおくらしい。明らかにそのほうが理解も通訳もしやすいからだ。

特にビジネス経験のない学生の方は、事前に日本語の本でマーケティング分野など頻出の分野の知識を日本語で入れておくべきだ。なにも分厚い本を読む必要はない。1〜2時間で読めるお手軽サイズの本でいいのだ。しかしこの背景知識があるだけで、明らかに読解の精度もスピードも大幅に上がる。

私の場合も、イギリスの大学院に留学したとき、通常1年間の準備期間を経て入学するのが通常にもかかわらず、準備期間なしに直接大学院に入学したため、他の人に比べ英語教授法や言語学に関して基礎知識が全くなかった。

なにせ他の学生は、国内ですでに修士号を取得したうえでさらに高度な知識を学ぶためにイギリスの大学院に留学しているのだ。私のように学部卒業でいきなりイギリスの大学院に直接入るというのは、かなり無謀に近かったのである。

前章にも書いたように、1日数百ページの英文を読まなければいけなかったので、まず留学後1ヵ月で言語学関係の資料を日本語で徹底的に詰め込んだ。

最初に背景知識を入れておいたおかげで、見知らぬ論文を英語で読んでもいままでの知識を駆使しながらなんとか読み進めていくことができたのである。

背景知識を入れておくことの重要さは、私がイギリスの大学院生活を通して身をもって経験しているので間違いない。日本語で理解できないことが、英語で読んでコロッと理解できるようになるはずがないのだ。

第11章　育て方❻速読と速聴をリンクさせろ

耳で理解するか、目で理解するか

リスニングとリーディングの共通点をご存知だろうか。それは、スピーキングとライティングの共通点を考えることにもつながる。つまり、スピーキングやライティングは、自分の持っている知識の範囲内でアウトプットすればいいのに対し、**リスニングや読解は自分の知らない知識に関する理解も求められる**。

例えば、スピーキングやライティングでは、自分の苦手な表現や知らない知識に関しては、全く使用しないとか、話題をそらしたりすることができる。ある程度、自分の土俵で勝負できるのだ。

それに対して、リスニングや読解では、使用されている英語表現や単語が知らないではすまされない。たとえ英単語が分からなくとも、たとえ試験会場で放送される英語のレベルがはるかに自分の理解を超えていても、なんとか推測して取り組むしかないのだ。

このようにリスニング力とリーディングの能力は、密接に関係している。**耳で英文を理解するか目で理解するかの違い**だけである。

日常会話とビジネス会話の違い

簡単な日常会話は聞き取れてもビジネス英語が聞き取れないという人は、実は、まだまだリーディング力が弱いのだ。

ＴＯＥＩＣでも読解力に問題がある人は、リスニングのパート3以降ガクッと正解率が落ちてしまう。パート3以降は、聞き取る英文の量が増えることに加え、英語で書かれた設問と選択肢に短時間に目を通す速読力が求められる。聞き取る能力が同じでも、設問を速く読み取る速読力があるかないかで、全くパート3以降の点数が変わってくる。

リスニング自体が、読解の耳バージョンといってもよいから、両者の能力は密接に関係している。そもそも読んで分からない英文を、耳で聞いたからといって突然分かるはずがないのだ。

だからパート3以降の得点率を上げたい人は、リスニングに加えて速読の練習を取り入れることが大切である。急がば廻れというが、速読の訓練を行うことが結果的にリスニングパートでも高得点をゲットすることにつながるのだ。具体的な方法としては、ＤＶＤの映画を英語字幕をつけて見よう！

ＤＶＤ映画をフル活用する

字幕の英語をそのまま理解する能力を養うことができれば、読解のスピードも一気に上げることができるし、リスニングでも高得点は間違いない。移りかわる場面の展開を英語の字幕で追っていくことで、速いスピードで英語を理解するよい訓練になる。

ネイティブの日常会話のスピードで英語の字幕がでてくるので、それを読んで理解できるということは、英語のまま話を理解できるということなのだ。**聞いた英語を日本語を介さずに自然に理解できるようになったとき、ＴＯＥＩＣ７３０点の壁を突破できているだろう。**

再三にわたって述べてきたが、映画は感動しながら長時間英語を聞くこともできるということからも、たいへん優れた教材である。週に好きな映画を３～４本（同じ映画の見直しも含めて）も見れば、かなりの速読力、リスニング力アップにつながるだろう。ぜひ効果的に、英語学習に取り入れてほしい。

第12章　育て方❼スピーキング上達の秘訣

頭に英語回路をつくれ！

言語学の専門書によると、くり返し何度も何度もイディオムや英文などを口にだして練習すると、脳に「**英語の回路**」ができるという。単に目で覚えるだけでなく、口にだして何度も実際に発音してみることが大切なのだ。

リスニング力の鍛え方（第8章）で、私が「プリティ・ウーマン」のリチャード・ギアのセリフが頭に入ったというのも、これで納得がいくだろう。くり返し、何度も、それこそ何十回とその会話をくり返し口にだして練習することで、頭に英語の回路ができたのだ。

いったん頭に英語の回路ができれば、語句も自然と口をついてでてくるはずだ。もちろん全ての語句や表現をそんなふうに覚えるのは大変だが、大切な表現などは、ぜひくり返して頭に入れてしまおう。

英語は「使って」インプット！

毎日英語を勉強しているというのにリスニングが伸びないという方は、一度、自分は、「それをアウトプットしているか」という観点から普段の学習をふり返ってみるといい。

第二言語習得で有名な研究者スウェインも、インプットだけでなくアウトプットが言語習得には必要であると述べている。

リスニングは、相手の言うことを聞いている受身的な作業。スピーキングは、こちらの言いたいことを相手に伝える能動的な作業。多くの方がリスニングとスピーキングは別のものと考えているが、もともとリスニングとスピーキングの間には相補的な関係がある。逆説的だが、「使うこと」で、より英語の表現に対する理解が深まり、深いレベルでの英文の理解と聞き取りが可能になるのだ。

知識の定着で悪循環を断ち切れ

英語の学習は、ある意味、車の運転に似ている。いくら運転の知識を詰め込んでもそれを実際に使って、自分の血肉としないかぎり運転できない。英語でも覚えた単語や構文を積極的に使ってそれを自分のものにしていく必要がある。使うことでより英文の構文や語彙にも敏感になりリスニング能力も向上するのである。

多くの人が、自分は、暗記量が足りないから英語を話せないし、英語は苦手だと感じがちだ。そのため、ますます一方的な暗記に走るという悪循環に陥ってしまう。しかし英語が苦手な人に必要なのは、暗記よりもむしろ積極的に英語を使っていこうという姿勢なのかもしれない。

自分が覚えた英単語や熟語を意識的にネイティブとの会話の中で使うことで、かえってそれが頭の中に記憶されるのだ。

使う（アウトプットする）ことでインプットできるというのは、意外に感じるかもしれないが効果抜群なのでぜひ実践してほしい。自分の気に入った表現を参考書から集め覚えて、それを意識的に何度もネイティブとの会話で使うことで、どんどんその表現が頭に定着するからだ。

ボキャブラリーと流暢さで勝負！

スピーキング能力は、いくつかの要素から成り立っている。コンプリヘンション（理解力）、流暢さ、ボキャブラリー、文法、発音などである。私が、最初にリスニング能力の重要性を主張しているのも、どれだけ相手の言いたいことを理解できるか（コンプリヘンション）が、自分の発話のパフォーマンスに大いに関わってくるからである。

例えば、「あなたはなぜ英語を学んでいるのですか？」と聞かれて、自分の趣味についてどれだけ素晴らしい英語で完璧に答えても、会話能力的には0点となってしまうのである。まず相手の質問や言いたいことを理解する基礎のリスニング能力がなければ、それは会話ではなくて、独りよがりの独善的スピーチになってしまう。だからまず、適切なスピーキングの土台としてリスニング能力は、絶対に必要不可欠なのである。

私のＴＯＥＩＣのリスニングパートは、満点に近いが、それでも映画を見たり、ビジネスでネイティブと交渉したりするときに、「まだまだ言葉の裏に込められた意味などを理解するところは補強しなくては」と感じている。

これから日本人もどんどん海外に英語で情報発信していく必要があると思うが、まず、相手の主張をしっかり理解できるだけのリスニング能力を身につけ、自分たちの主張も展開していきたいものだ。

相手の意見をしっかり理解できるようになったら、そのうえで大切なのは、ボキャブラリーと流暢さ（fluency）である。

というのも発音に関しては、ある一定年齢を越えてからのネイティブ並みの発音習得は非常に困難であり、仮に意識しているときはキレイな発音ができる人でも、準備期間がない即興の返答を求められたときには、意識しているときのようなキレイな発音にはなりにくい。また文法の正確さもこれを追求しすぎると、失敗を嫌う真面目《まじめ》な日本人の国民性からして、萎縮《いしゅく》してしまい、発話そのものが成り立たないということにもなりかねない。

したがって日本人の場合、もちろん、できるかぎり正しい発音と正確な文法で話すことを心がけながらも、実際の会話では、**語彙力とどれだけ会話をとぎれさせずに流暢につづけられるかに重きを置く**ようにする。

英語は度胸、失敗は愛嬌

少々の発音ミスや文法ミスは黙認するのである。会話自体、ボキャブラリーがしっかりしていれば、伝えたいことはたいがい相手に伝わる。**少々の発音ミスや文法ミスはご愛嬌として、失敗をおそれずに、とにかく英語で会話をつづけてみよう**。そうすれば必ず、英語を積極的に話そうとする「英会話に対する新しい意識」が生まれてくる。

言語学習成功者の特徴を集めた『Good Learner Attitude』（模倣学習者の態度）という専門書の中にも、「失敗をおそれずに外国語を使用し、自らの失敗さえ笑う余裕をもつこと」

という項目があげられている。

私自身も発音に関しては、ネイティブに比べれば完璧ではなかったかもしれないが、それでもロンドン大学の記念学会で、自分の意見を日本人で唯一、英語で発言した。専門的な内容のため、正直なところうまく伝わるだろうかと緊張したし不安もあったが、発言後、あなたの意見をもっと聞きたいと、講師がわざわざ私のところまで来てくれたことがあった。

「本気で伝えたいという想いがあれば伝わるんだ」と、改めて実感した瞬間だった。

エピローグ　英語の勉強をつづけるためのアドバイス

「英語バカ」は世界に無数にいる

英語ができてもその人になにも発信するものがなければ、それは宝の持ち腐れに終わる。英語だけできてもダメなのだ。

もちろん、国際社会で活躍するうえで英語は必要不可欠なのだが、英語は自分の伝えたいことを伝えるツールだということを忘れないようにしよう。

大切なのは、その英語を使ってなにを発信するかなのだ。発信したい情報がなければ、英語を勉強しても仕方ないのだ。

どんな分野であれ、世界に発信できる情報をもとう。私も含めて単なる英語バカにならないように、日本の歴史や文化にも興味をもち、自らの教養を高める努力は、日々積み重ねていきたいものである。

外資企業が日本で成功しない理由

ひとことで言うと日本語を学ぼうとしない彼らの姿勢に問題があるのだ。

「郷に入っては、郷に従え」という言葉がある。その国の言語を学ぶということは、その国の心を学ぶということ。その国の心に触れようという姿勢に欠けている外資企業の経営がうまくいくはずがないのだ。なんといっても日本人は、繊細である。「語らずとも察する」みたいな土壌がある。

一方、アメリカ人は話してなんぼという感じで、常に相手と意見をぶつけあうことで関係を築いていこうとする。このような全く文化背景が違う日本で、外資企業が自国のやり方で経営を進めようとしても、そもそも無理なのである。

しかし、だからといって外資企業は、ダメで終わらせたくはない。日本のことと日本の文化を知りながら、なおかつ英語圏の文化と英語を使いこなせる日本人がいて、両者の間に立てば、それらの問題は解決する。

そんな世界で活躍できる日本人を1人でも多く育てられればと、私も「ロンドン義塾」の教壇に立っている。

日本人の心と繊細さを大切に！

私が、海外で数年暮らしてみて気づいたことは、日本人がいかに繊細であるかということである。それは、言語にも表れている。日本人は、ひとことにさまざまな想いや気持ちを込める。「大嫌い」という言葉が、時には、最高の「大好き」を意味することもあるのだ。

それに対して、欧米人は言葉どおりに解釈するので、どうしても言葉数が多くなり、「YES・NO」もはっきり言わざるをえなくなる。

欧米では、日本人ははっきりものを言わないので、なにを考えているのか分からないからダメだと一方的に決めつける人もいるが、それだけ日本の言葉は、全てを言葉にしなくても察することができるという高尚な言語であるともいえるのである。また、日本人は自己主張ができないともいわれるが、はたして一方的に自分の意見をまくしたてることが、素晴らしいのか、全てを論理で割り切ることがはたしていいことなのか、大いに疑問が残るところである。

つまり、それぞれの文化にはいい点も悪い点もあるのだから、本来それをいいか悪いか論じること自体は意味がないことである。私たちはいたずらに、欧米の考えをそのまま取り込もうとするのではなく、この日本人の繊細な心を大切にするべきなのである。

「英語脳」とは多文化に生きること

最後まで読み進めてきていただいた読者の皆さんに、心から感謝したい。この本で書かれていることを実行してもらえれば、必ずあなたの英語力アップのスピードを加速することができると確信している。

しかし、あくまでも英語は、世界中からあらゆる情報を取り入れ、自分の意見を世界に発信するための1つの道具であることを忘れないでほしい。

本当の武器となるのは、「**英語と日本語を使いこなし、両者の文化と心を理解し、2つの文化の間に立つことのできる**」あなたの存在そのものなのである。

あとがきにかえて

「必ず本を出版する！」と、２００２年の2月に心に誓ってから、はや4年半が過ぎた。長かった気もするし、あっという間だった気もする。ただ言えることは、その間、本当に多くの方に支えられたおかげで、今の自分があるということだ。

留学中からずっと私の英語学習の目標だったＩＥＬＴＳ満点のBilalさん。「お互い夢に向かってがんばろう」と励ましてくれたイトウヒロカさん。留学中のきついとき、元気をもらった「中谷本」と中谷湯の皆さん。安定した仕事を辞め、留学すると決断したときも黙って見守ってくれた両親。起業する前にアドバイスをいただき、今回もプロデュースを快諾してくださった尾崎さん。原稿の感想をいただいたロンドン義塾の生徒さんと友人の藤山さん、千葉さん。そして、本書の出版に当たって、最後まで丁寧にご指導とアドバイスをしてくださった講談社の村上さんと宮本さんに、この場を借りて本当に心からのお礼を申し上げる。

この本が読者の皆さんの手元に届くころ、私は30歳になっている。20代のうちに出版するという目標を40日ほどオーバーしてしまった。ぐずぐずしてよく終電に乗り遅れる自分らしいなと、ふと思った。だがそのぶん満足のいく本に仕上がったと自負している。

本書が、皆さんの英語学習における試行錯誤の期間短縮につながることをお祈りしています。

２００６年８月９日、徹夜明けの朝が妙にすがすがしい20代最後の日に

中野《なかの》健史《たけし》

参考文献

Cameron,D.(2001). *Working with Spoken Discourse.* London: Sage.

Carrel,P.L.(1984). 'Schema theory and ESL reading: classroom implications and applications', *Modern Language Journal*, 68, 332-343.

Cook,V.J.(1992). 'Evidence for multi-competence', *Language Learning*, 42, 4, 557-591.

Cook, V.J.(1993). *Linguistics and Second Language Acquisition.* Basingstoke: Macmillan.

Cook, V.J.(1999). 'Going beyond the native speaker in language teaching', *TESOL Quarterly*, 33, 2, 185-209.

Cook, V.J.(2001). *Second Language Learning and Language Teaching (3rd edition).* London: Arnold.

Ellis,R.(1994). *The study of second language acquisition.* Oxford: Oxford University Press.

Ellis,R.(1997). *Second language acquisition.* Oxford: Oxford University Press.

Faltis,C.J.(1989). 'Codeswitching and bilingual schooling: An examination of Jacobson's new concurrent approach', *Journal of Multilingual and Multicultural Development*, 10, 2, 117-127.

Gardner,R.C., and Lambert,W.E.(1972). *Attitudes and motivation in second language learning.* Rowley, MA: Newbury House.

Gass,S.M., and Selinker,L.(2001). *Second language acquisition: An introductory course (2nd edition).* Hillsdale,NJ: Lawrence Erlbaum Associates.

Hermann,G.(1980). 'Attitudes and success in children's learning of English as a second language: The motivational vs. the resultative hypothesis', *English Language Teaching Journal*, 34, 247-254.

Hughes,A.(1990). *Testing for Language Teachers.* New York: Cambridge University Press.

Krashen,S.D.(1985). *The input hypothesis: issues and implications.* New York: Longman.

Krashen,S.D., and Terrell,T.D.(1983). *The natural approach: Language acquisition in the classroom.* New York: Pergamon.

Labov,William,(1966). *The Social Stratification of English in New York City.* Washington,D.C.: Center for Applied Linguistics.

Lenneberg,E.(1967). *Biological Foundations of Language.* New York: Wiley.

McDonough,S.H.(1995). *Strategy and Skill in Learning a Foreign Language.* London: Edward Arnold.

Naiman,N., Frohlich,M., Stern,H.H., and Todesco,A.(1978). *The good language Learner, Research in Education Series No.7.* Toronto: Ontario Institute for Studies in Education. Reprinted by Multilingual Matters(1995), Clevedon,Avon

O'Malley,J.M., and Chamot, A.U.(1990). *Learning Strategies in Second Language Acquisition.* Cambridge University Press.

Swain,M.(1985). 'Communicative competence: Some roles of comprehensible input and comprehensible output in its development', In S. Gass and C. Madden(eds.), *Input in second language acqisition.* Rowley, MA: Newbury House.

Snow,C.and Hoefnagel-Hohle, M.(1978). 'The critical age for language acquisition: evidence from second language learning', *Child Development*, 49, 1114-1128.

Tannen,D.(1991). *You Just Don't Understand: Women and Men in Conversation.* New York: Ballentine Books.

『英語教授法：海外のＴＥＳＯＬプログラム』（大学院留学専攻ガイド5）、アルク、２０００年

キム・ジョンキュー『英語を制する「ライティング」：知的な大人の勉強法』（講談社現代新書）、講談社、２００６年

ビビアン・クック『第2言語の学習と教授』米山朝二訳、研究社出版、１９９３年

レスリー・Ｍ・ビービ『第二言語習得の研究：5つの視点から』島岡丘監修、卯城祐司／佐久間康之訳、大修館書店、１９９８年

中野健史

1976年、京都府に生まれる。慶應義塾大学文学部を卒業後、神奈川県の私立進学校英語教員を経て、英語教育法を究めるためイギリスに留学。2003年に国立エセックス大学大学院で応用言語学、2004年に国立ロンドン大学大学院で言語学の修士号を取得。自らTOEICを、500点から900点台にまでスコアアップさせた経験を持つ。ゼロから試行錯誤して高度な英語力を身につけた自分の経験・ノウハウを生かし、人々が短期間に効率よく世界レベルの語学力をマスターするための一助となるべく、ロンドン大学在学中の2003年にTOEIC専門スクール「有限会社ロンドン義塾」を設立。帰国後、本格的に活動を開始し、現在にいたる。英語の本場仕込みの指導法、最新言語学習法に基づいたリスニング・読解・語彙指導ほかオリジナルな授業方法で、200～300点のスコアアップ、700～800点突破を達成する受講生を続々輩出している。

◎ロンドン義塾ホームページ
http://www.londongizyuku.com/

講談社+α《プラスアルファ》新書　316-1 C

世界最速《せかいさいそく》!「英語脳《えいごのう》」の育《そだ》て方《かた》

日本語からはじめる僕の英語独習法

中野健史《なかのたけし》

2006年 9 月20日第1刷発行
2006年11月16日第3刷発行

発行者――――**野間佐和子**

発行所――――**株式会社 講談社**
東京都文京区音羽2-12-21 〒112-8001
電話 出版部(03)5395-3530
販売部(03)5395-5817
業務部(03)5395-3615

装画――――**平田利之**

デザイン――――**鈴木成一デザイン室**

本文組版・図版――――**朝日メディアインターナショナル株式会社**

カバー印刷――――**共同印刷株式会社**

印刷――――**慶昌堂印刷株式会社**

製本――――**株式会社国宝社**

落丁本・乱丁本は購入書店名を明記のうえ、小社業務部あてにお送りください。

送料は小社負担にてお取り替えします。

なお、この本の内容についてのお問い合わせは生活文化第三出版部あてにお願いいたします。

Printed in Japan ISBN4-06-272398-0　定価はカバーに表示してあります。

講談社+α新書

朝日新聞記者が書いたアメリカ人「アホ・マヌケ」論
近藤康太郎
新聞で全部ボツになった危ない話・本当すぎる話！　全米二百以上の街で取材した渾身のルポ
800円 212-1 C

朝日新聞記者が書けなかったアメリカの大汚点
近藤康太郎
評論家各氏が絶賛したベストセラーの第2弾!! 映画「華氏911」ではアメリカはわからない!!
800円 212-2 C

中国人を理解する30の「ツボ」　考えすぎる日本人へ
李景芳
なぜ、お互いにうまくいかなかったのか。中国人のアタマ、ここを押せば、必ず見えてくる！
876円 213-1 C

日本人と中国人 永遠のミゾ　ケンカしないですむ方法
李景芳
「反日感情」＝「愛国心」＝「正義」の中国人的発想！ 日中が、決してわかりあえない根本とは何か!!
800円 213-2 C

昭和天皇の料理番　日本人の食の原点
谷部金次郎
麦入りご飯、焼き魚、漬物……つつましやかで健康的な食生活を貫いた天皇の食とお好み！
781円 214-1 C

畑のある暮らし方入門　土にふれ、癒される生活
小川光
大自然を相手に、くだものや野菜をつくる喜び。農業を志す人々の夢をかなえる手伝いをします!!
838円 215-1 C

女はどんな男を認めるのか　10歳からの男と女の基本
勢古浩爾
初心者にもベテランにも効く本邦初の「愛」の指南書。膝を打つ名言の数々。読む惚《ほ》れ薬!!
838円 216-1 C

賢い食べ物は免疫力を上げる
上野川修一
毎日の食事が免疫力を左右するのはなぜか。ミルク一杯でも病気が治る仕組みを科学的に実証
800円 217-1 B

日常生活で英語「感覚」を磨く
笹野洋子
日々の暮らしや旅行先での英語がらみの楽しい話、意外な話。「日常ながら英語」のすすめ！
781円 218-1 C

日本の鉄道名所100を歩く
川島令三
鉄道ファンの好奇心を直撃する名所が満載!! 路線・車両・景観に対する通ならではの視点!!
838円 219-1 C

鉄道カレンダー　全国とことん楽しむ行動案内12ヵ月
川島令三
春夏秋冬、鉄道はエンターテインメントだ!! 名物列車、鉄道史、季節限定イベントが続々!!
838円 219-2 C

表示価格はすべて本体価格（税別）です。本体価格は変更することがあります

講談社+α新書

金正日の後継者は「在日」の息子　日本のメディアが報じない北朝鮮「高度成長」論
河《ハ》信《シン》基《ギ》
アメリカ追従の「北朝鮮崩壊論」の裏で進む、経済開放・改革路線の実像を初めてレポート!!
876円　231-1　C

世界最速「超」記憶法
津川博義
〇《マル》をつけるだけ！　あきらめていた記憶力が伸びる。受験にも老後にも万能の画期的記憶法!!
838円　232-1　C

世界最速「大学受験」超記憶法
津川博義
英単語、漢字、歴史地理用語がみるみる覚えられる驚異のつがわ式！　今からでも間に合う!!
838円　232-2　C

アメリカ　最強のエリート教育
釣島平三郎
米国をリードする人材は、こうつくられている。徹底したエリート教育、才能教育のすべて!!
838円　233-1　C

狂気と犯罪　なぜ日本は世界一の精神病国家になったのか
芹沢一也
患者数、病床数、入院日数のすべてが世界一の日本。強制収容は社会の安全を保障できるか？
800円　234-1　C

ホラーハウス社会　法を犯した「少年」と「異常者」たち
芹沢一也
目に見えぬ「怪物」に怯える現代社会。過敏に反応することで、はたして安全は確保できるのか？
838円　234-2　C

アメリカ一国支配の終焉
高木勝
ブッシュ帝国崩壊へのシナリオ——小泉日本が新たな時代をどう生き抜くべきかを説く一冊!!
838円　235-1　C

わが愛しきパ・リーグ
大倉徹也
二〇〇五年はパ・リーグの年!!　セ界の中心でジャイアンツ愛を叫ぶ、ではココロが貧しい!!
838円　236-1　D

1日3分　腸もみ健康法　「超きもちいー」マッサージ
砂沢佚枝
体の毒素を全部追い出して、全身と心を再生!!　お風呂でリビングで、ダイエット効果も抜群《ばつぐん》!!
800円　237-1　B

盆栽名人の手のひら盆栽入門
原田繁　監修
四季を楽しみ樹を愛《め》でる。「盆栽名人」がミニミニ盆栽の基本を直伝。初心者もできる技とコツ
876円　238-1　D

在日　ふたつの「祖国」への思い
姜《カン》尚《サン》中《ジュン》
占領と分断、背け合い生きた列島と半島の人々の恩讐の声を掬《すく》い、希望を紡ぎ出す情と理!?
800円　239-1　C

表示価格はすべて本体価格（税別）です。本体価格は変更することがあります

講談社+α新書

準・歩き遍路のすすめ	横井　寛	車遍路はつまらない。歩き遍路はきつすぎる。ムリなく歩いて、お遍路の喜び満喫の旅へ!!	876円	240-1 D
なぜ、この人だけが成功するのか　百の名言　百の智恵	谷沢永一	成功した日本の百人の企業家から、普通の人でもマネできるちょっとした心遣いと智恵を盗む	838円	241-1 C
「隠れ脳梗塞」の見つけ方・治し方　「寿命百歳」時代を満喫する生活術	眞田祥一	ボケずに百歳、元気に現役、自分で脳の若返り!! ボケの原因は誰も気づかない「隠れ脳梗塞」だ!!	800円	242-1 B
簡単なのに絶対ウケる!!　瞬間マジック入門	中村　弘 著 栗田昌裕 解説	身近な材料をうまく使って、子供にも大人にも大ウケ間違いなし!!　脳も活性化する解説付き	781円	243-1 D
国語教師の会の日本語上達法	石田佐久馬	言葉づかい、敬語の使い方、レポートや手紙を書くのが苦手な人へ。知識倍増！　弱点克服！	800円	244-1 C
老いを防ぐ「腎《じん》」ワールドの驚異　中国医学のアンチエイジング	小髙修司	身体の芯から若さを保つ腎パワーの秘密。養生と生薬、陰陽の調和。身体にやさしい健康術！	800円	245-1 B
キリスト教は邪教です！　現代語訳『アンチクリスト』	F・W・ニーチェ 適菜　収 訳	名著、現代に復活。世界を滅ぼす一神教の恐怖！　ブッシュを動かす行動原理の危険がわかった！	800円	246-1 A
わが子が成功するお金教育　よい小遣い・悪い小遣い	榊原節子	お金にだらしない子が自立に失敗している！　学校では教えない教育だからこそ、家庭で!!	781円	247-1 C
発達障害と子どもたち　アスペルガー症候群、自閉症、そしてボーダーラインチャイルド	山崎晃資	はっきりとは見えにくい障害のため、理解されない子どもが抱える心の闇に、どう向き合う!?	838円	248-1 B
遺伝子工学が日本的経営を変える！　人間的「成果主義」はあるのか？	加藤良平	人材マネジメントから企業合併まで、最新の遺伝子工学でわかる「元気な会社」の作り方!!	838円	249-1 C
ユダヤの格言99　人生に成功する珠玉の知恵	滝川義人	マネー、家族、ビジネス、愛、教育の指針を！　全く新しい視点で描く民族の哲学、成功の秘密。	838円	250-1 C

表示価格はすべて本体価格（税別）です。本体価格は変更することがあります

講談社+α新書

はじめて知る仏教　白取春彦
世俗の欲を捨て、堂々と生きる知恵。「仏教は難解だ」という社会的通念を打ち砕く入門書!!
838円 251-1 A

オペラ作曲家による ゆかいでヘンなオペラ超入門　青島広志
これを読むだけでオペラ通！ 〝過激〟な古典21作の舞台裏から見た面白さ。DVD案内付き！
838円 252-1 D

「ゆる」身体・脳革命　不可能を可能に変える27の実証　高岡英夫
「ゆるめる」ことで奇跡が始まる！ 減量から若返りまで思いのまま！ 画期的自己再生法！
800円 253-1 B

住宅購入学入門 いま、何を買わないか　長嶋修
「金利が安いから」で家を買うと大損する。八千件を見抜いたプロだからわかる成功のルール
781円 254-1 D

なぜ「耐震偽装問題」は起きるのか　長嶋修
日本全国を震撼させた耐震偽装事件はなぜ起きた？ 不動産の達人がその原因と対策を語る。
781円 254-2 D

日本全国 近代歴史遺産を歩く　阿曽村孝雄
近代化遺産（ヘリテージ）を訪ね歩くヘリテージングが大ブーム!! 日本の伝統を見直そう!!
838円 255-1 D

現代中国の禁書　民主、性、反日　鈴木孝昌
病める超大国の言論統制に立ち向かい、発禁処分を受けた〝挑戦者〟たちの貴重な証言集!!
781円 256-1 C

川漁師 神々しき奥義　斎藤邦明
吉野川、四万十川、最上川、江の川……全国の清流に息衝く守護神たちが伝える珠玉の秘技！
838円 257-1 D

血圧革命　「上160下70」だから安心の大間違い！　高沢謙二
降圧薬の効き目は過小評価されている？ 新しい血圧指標が示すこれからの血圧対策決定版！
800円 258-1 B

「若返り血管」をつくる生き方　ふくらはぎを柔らかくすると血管寿命は延びる　高沢謙二
「詰まる・破れる」の大事故を起こさないための「老化した血管」を「若返らせる」秘策とは!?
800円 258-2 B

「日中友好」は日本を滅ぼす！　歴史が教える「脱・中国」の法則　石平
古代から日本では、中国と深く関係した政権はことごとく短命だった——衝撃の日中関係史！
838円 259-1 C

表示価格はすべて本体価格（税別）です。本体価格は変更することがあります

講談社+α新書

40歳からのピアノ入門 3ヵ月でマスターした「コード奏法」講座
鮎川久雄
誰でも、驚くほど簡単に弾けるようになる革命的習得法。ピアノが弾けると、人生が変わる!!
800円 260-1 D

闘えない軍隊 肥大化する自衛隊の苦悶
半田滋
福井晴敏氏絶賛！ 非戦軍隊が一触即発の海外の「戦場」で格闘する姿を克明に密着ルポ!!
800円 261-1 C

50歳からの旅行医学 快適・安全・楽しい旅への97の知恵
篠塚規
体と心をもっと元気に、脳をより活性化する旅のノウハウ満載。読んでトクする健康旅行術！
838円 262-1 B

お風呂で5分！「アクア・ストレッチ」健康法
須藤明治
人気のアクア・エクササイズが自宅のお風呂で簡単手軽に実践できる。第一人者の驚きの技!!
838円 263-1 B

戦争ニュース　裏の読み方　表の読み方
保岡裕之
マスコミの表のニュースには〝真実〟はない!! 国・地域間の利害の衝突ゆえに歪む報道実態！
838円 264-1 C

トランプ遊びで子どもの知能はグングン伸びる
大野啓子
有名小学校への合格者数日本一!! 親子でトランプを楽しむ家庭から、エリートが生まれる!!
838円 265-1 C

病気をその原因から治す ホメオパシー療法入門 風邪、子供の病気から、不定愁訴、ガンまで
渡辺順二
心身に潜む病気の真因に働きかけ、ふるい落とすもう一つの西洋医療。病気案内・薬事典付き
838円 266-1 B

クラシック　名曲を生んだ恋物語
西原稔
大作曲家が創作へと駆りたてられるモチベーション!! 天才の旋律に秘められた情愛の背景!!
876円 267-1 D

トヨタの思考習慣 世界一成功するシンプルな法則
日比野省三
誰でも今日から柔らか頭になる七つの成功習慣。世界最強の企業が実践する超簡単なメソッド!!
800円 268-1 C

知らないと危ない麻酔の話
フランク・スウィーニー
瀬尾憲正 監修・訳
麻酔のリスクを回避するためにはどうすればいいのか。日本で唯一の、一般向け麻酔入門書。
876円 269-1 B

「うつ」を克服する最善の方法 抗うつ薬SSRIに頼らず生きる
生田哲
あの「コロンバイン高校銃乱射事件」は抗うつ薬の副作用だった！ 生活改善でうつは治せる!!
838円 270-1 A

表示価格はすべて本体価格（税別）です。本体価格は変更することがあります

講談社+α新書

セカンド就職のススメ
高野秀敏
売り手市場到来。大好きな仕事で年収二倍に!! 会社の求める五つの能力を磨き夢を摑む方法!
800円 271-1 C

鎌倉―ソウル 2328キロを歩く 定年退職、新しい自分に出会う旅
間宮武美
歩いて見つけた! 60歳から前進する生き方。徒歩の旅の装備や、街道の上手な歩き方も紹介
838円 272-1 D

生命《いのち》をみとる看護 何がどこまでできるのか
大坪洋子
終末期のケア、延命治療、一時帰宅……悔いを残さない看護の実際。現場からのメッセージ!
800円 273-1 B

「在日コリアン」ってなんでんねん?
朴《パク》一《イル》
芸能界、スポーツ界、財界……日本を支える「隣人」たちはどのようにして生活しているのか!?
838円 274-1 C

「超」読解力
三上直之
読む力が誰にでも身につく大人の国語教科書! 文字情報社会を生き抜く驚異の厳選技術満載!
800円 275-1 C

中国が「反日」を捨てる日
清水美和
両国のすれ違いに潜む真実! 対立を煽る声に惑わされず、今こそ切り開け、日中の新時代を!!
876円 276-1 C

MLB《メジャーリーグ》が付けた日本人選手の値段
鈴村裕輔
城島、松坂、赤星、和田毅、岩村らの能力をズバリ査定!! こうして決まる、日本人の年俸!!
800円 277-1 C

愚かな決定を回避する方法 何故リーダーの判断ミスは起きるのか
C・モレル 横山研二 訳
熟考して下した決断が、信じられないような結果を招いてしまう要因を徹底的に解明する!
876円 278-1 C

がん治療「究極の選択」 抗がん剤を超えた丹羽療法
丹羽靭負
苦しむ抗がん剤で短期延命するのではなく、独自加工の天然制がん剤で苦しまず延命できる!
800円 279-1 B

働かずに毎年1000万円稼げる 私の「FX《外国為替保証金取引》」超活用術
野村雅道
金利10%超と為替差益のおまけで年１０００万円以上稼ぐ著者が、６年実践したノウハウ公開
800円 280-1 C

大人のための3日間楽器演奏入門 誰でもバンド演奏できるプロの裏ワザ
きりばやしひろき
数多《あまた》の楽器挫折者を救済し超話題! 諦めていた「あの名曲」や「バンド」の夢、叶えます!!
800円 281-1 D

表示価格はすべて本体価格(税別)です。本体価格は変更することがあります

講談社+α新書

工藤公康「42歳で146km」の真実 食卓発の肉体改造	黒井克行	“不惑”の本格派左腕が、耐用年数を過ぎてなお進化する理由を、密着ルポにより説き明かす！	800円	282-1 B
人生がガラリ変わる！ 美しい文字を書く技術	猪塚恵美子	見るだけで読むだけで美人文字が書ける!! 字が変われば毎日が楽しく生きられる術《すべ》を伝授!!	800円	283-1 C
分かりやすい図解コミュニケーション術	藤沢晃治	仕事もデートも全てうまくいく7つの「秘伝」!! 上手な図解を会得すれば人生の達人になれる！	800円	284-1 C
北朝鮮最終殲滅計画 ペンタゴン極秘文書が語る衝撃のシナリオ	相馬勝	イラクを粉砕した米国軍は、すでに朝鮮半島に照準を合わせていた——一級資料を独占入手！	838円	285-1 C
釣り宿オヤジ直伝「超」実践海釣り	芳野隆	子供から女性まで、誰でも海釣りを満喫できるための知恵を船頭歴35年の名物オヤジが伝授！	838円	286-1 D
持続力	山本博	栄光、20年の空白、復活の銀メダル。生涯現役を貫き、歳を重ねる毎に輝きを増す男の人生哲学	800円	287-1 C
野球力 ストップウォッチで判る「伸びる人材」	小関順二	走る!! 投げる!! 反応する!! その総合力が野球力だ。スモールベースボールの源に迫る!!	838円	288-1 D
子供の潜在能力を101%引き出すモンテッソーリ教育	佐々木信一郎	家庭でもできる究極の英才教育！ 子供の興味を正しく導けば才能は全開。子供はみな天才だ	800円	289-1 C
ジャズCD必聴盤！ わが生涯の200枚	岩浪洋三	評論家生活40年を通して選び抜いた古典／スイング、モダン、ヴォーカルの〈ジャズ遺産〉!!	876円	290-1 D
男と女でこんなに違う生活習慣病	太田博明	男性の延長線上にあった女性の治療法が、最先端医療で性差が明確に!! 肥満の意味も違う!!	800円	291-1 B
あらすじでわかる中国古典「超」入門	川合章子	『西遊記』や『史記』『紅楼夢』、漢詩からゲーム世界まで概観。これ一冊で中国知ったかぶり!!	838円	292-1 C

講談社+α新書

最強のコーチング
清宮克幸
ビジネスマン必読！　早稲田ラグビーを無敵にした指導力の秘密。五年間の改革の集大成を！
800円 293-1 C

やわらか頭「江戸脳」をつくる和算ドリル
高橋誠
金谷俊秀
江戸時代の大ベストセラー『塵劫記《じんこうき》』から、パズルと○○算と江戸雑学で脳力フィットネス!!
838円 294-1 A

ブログ進化論　なぜ人は日記を晒《さら》すのか
岡部敬史
開設者700万人目前。なぜ人気？　なぜ無料？　そろそろ知らないとヤバイ、傍観者必読の一冊！
800円 295-1 C

古代遺跡をめぐる18の旅
関裕二
遺跡のちょっとした知識があれば旅の楽しみは倍加！　歴史作家が案内する特選古代史の旅
800円 296-1 C

「死の宣告」からの生還　実録・がんサバイバー
岡本裕
余命わずかと告知されてからも逞しく生き続けるがん患者たちに学ぶ、本当に必要な治療法！
838円 297-1 B

日本人には思いつかない
「居酒屋英語」発想法
ジェフ・ギャリソン
松本薫 編集
「エクスキューズ・ミー」なんかいらない！　異色のガイジン教授が贈る「無礼講」英会話術
800円 298-1 C

バスで旅を創る！　路線・車両・絶景ポイントを徹底ガイド
加藤佳一
鉄道の終着駅から〝その先を歩く旅〟は、バスでしかできない醍醐味だ。私は「絶対バス主義」!!
838円 299-1 D

最後の幕閣　徳川家に伝わる47人の真実
徳川宗英
一家に一冊!!　お国自慢の士《サムライ》の本当の実績は!?　幕府側の視点で、明治維新を徹底的に再検証!!
876円 300-1 C

マジ切れする人 逆切れする人　サドの意地悪、マゾのグチと共生するために
矢幡洋
キレる人たちの〝心の闇〟——誰もが知りたい現代社会の謎を解く鍵は、サド・マゾにあった！
838円 301-1 A

突破する企業「大逆転」のシナリオ
津田倫男
脱「常識」が組織を復活させた！　J&J、マリオット・ホテルなど16の事例で読む経営戦略論
800円 302-1 C

ヘタの横好き「鮎釣り」の上達法則　河原は本日も戦場なり！
矢幅弘一
サンデー釣り人の気持ちになった超指導書!!　釣れない壁をつき破る納得の極意がギッシリ!!
800円 303-1 D

表示価格はすべて本体価格（税別）です。本体価格は変更することがあります

講談社+α新書

人間力の磨き方
鳥越俊太郎
ニュースの主役達はなぜ彼に心を開くのか? 回り道が培った、けして焦らない腹の据え方!
800円 304-1 C

国家の大義 世界が賞賛したこの国のかたち
前野 徹
石原慎太郎氏、中西輝政氏が激賞する日本論! 伝統と誇りを取り戻せば、日本は再び輝く!!
743円 305-1 C

図解 50歳からの頭がよくなる「体験的」勉強法
高島徹治
53歳から80余の資格試験に合格した体験的勉強法。誰でもすぐ真似できる目からウロコの極意
800円 306-1 C

世界遺産 いま明らかになる7つの謎
「探検ロマン世界遺産」取材班
水、女、食、権力、悲劇……。厳選二十四ヵ所の仰天トリビアを超人気番組スタッフが説く!
838円 307-1 C

最高の医療をうけるための患者学
上野直人
日野原重明氏推薦「米国一のがん専門病院で働く日本人医師の上手な医療の受け方の解説書」
800円 308-1 B

太平洋戦争 忘れじの戦跡を歩く
戦跡保存会 編
戦後六十余年が経っても歴史は風化せず!! 今こそ国内の激戦地を偲び、体験の重さを知る!!
838円 309-1 C

縮めて縮めて関節痛をなおす 自分でできる「関節ニュートラル整体」の極意
及川雅登
痛みの原因は誰も気づかない関節の「あそび」不足 30年の治療経験から考案した驚異の痛み解消法
800円 310-1 B

「てれんこ走り」健康法 実践・スポーツトレーナーの脂肪燃焼記録
比佐 仁
自らの生活習慣病を克服するために開発した、ゆっくり走って大汗をかく〝余分な脂肪〟燃焼法
800円 311-1 B

日本料理の真髄
阿部孤柳
世界一繊細な舌を持つ日本人よ、自国の料理に自信を持て! 食の最高権威が今明かす真髄!!
838円 312-1 B

総理大臣の器
三反園 訓
小泉劇場のパフォーマンスにはもう飽きた!! 新しい役者、強烈なリーダーが今こそ欲しい!!
838円 313-1 C

あなたの知らない妻がいる 熟年離婚にあわないために
狭間惠三子
団塊世代の友達夫婦に、実は最も気持ちの「くい違い」がある。多くの実例とともに検証!
800円 314-1 C

表示価格はすべて本体価格(税別)です。本体価格は変更することがあります